Alle Altersstufen

Andrea Schinhärl

Der innovative LRS-Trainer

HELP!

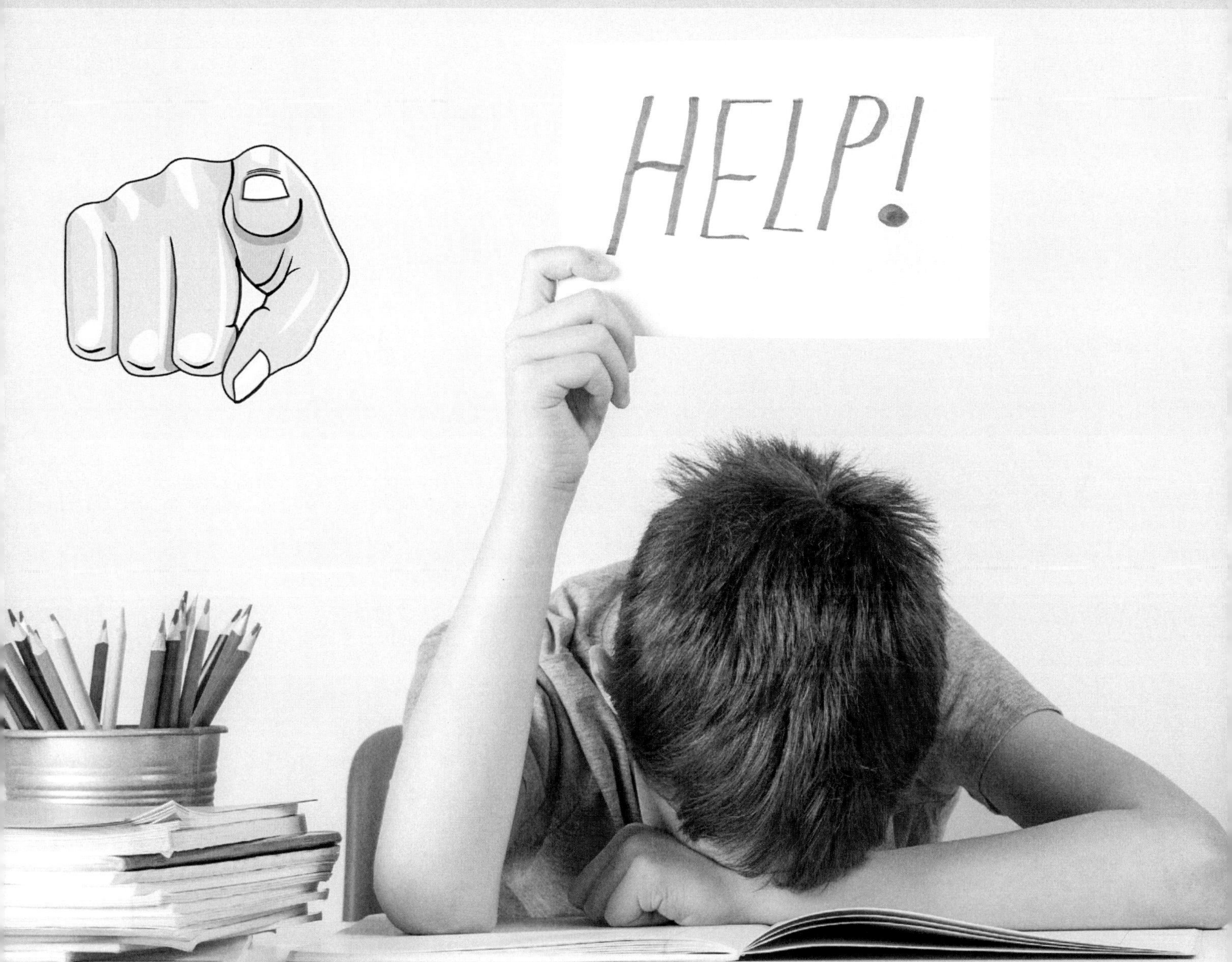

Schnelle Soforthilfe

für alle gestressten Lehrer & Eltern

Der innovative LRS-Trainer

Schnelle Soforthilfe für Lehrer und Eltern

17. Auflage 2026

Inhalt: Andrea Schinhärl
Coverbild: © vejaa, Edler von Rabenstein & Tati. Dsgn1 - AdobeStock.com
Cliparts: © clipart.com
Redaktion: Kohl-Verlag
Grafik & Satz: Kohl-Verlag
Druck: farbo prepress GmbH, Köln

Bestell-Nr. 10 742

ISBN: 978-3-86632-742-9

Verwendete Schrift: *„Grundschrift" von Christian Urff, lizenziert unter CC-BY 3.0*

Bildquellen: **Seite 72**: © luismolinero, alex83m, yoyonpujiono & Ghost Rider - AdobeStock.com

Kontakt: Kohl-Verlag, An der Brennerei 37-45, 50170 Kerpen
Tel: +49 2275 331610, Mail: info@kohlverlag.de

Inhalt

1 Arbeitshinweise für Eltern, Lehrer, Therapeuten

Dieser innovative LRS-Trainer ist für lese-rechtschreibschwache Schüler/Kinder gedacht. Jeweils eine Übungseinheit ist in drei Einheiten aufgebaut: Konzentration – Wahrnehmung – Rechtschreibung. Da dem Schüler beim Lesen, Schreiben und/oder Rechnen verschiedene Sinneswahrnehmungen und Konzentration (Aufmerksamkeit) abverlangt werden, ist es, um auch langfristig einen Erfolg sichern zu können, sehr wichtig, dass die einzelnen Übungsbereiche in dieser Reihenfolge (Konzentration – Wahrnehmung – Rechtschreibung) bearbeitet werden!

Folgende Teilleistungsbereiche (Wahrnehmungsbereiche bzw. Sinneswahrnehmungen) können bei einem lese-rechtschreibschwachen Kind beeinträchtigt sein:

- Optik
- Akustik
- Raumlage
- Körperwahrnehmung
- Intermodalität

Wenn eine oder mehrere Sinneswahrnehmungen (Teilleistungen) betroffen sind, können Schwierigkeiten beim Erlernen der Kulturtechniken wie Lesen, Schreiben und/oder Rechnen auftreten. Deshalb können Ursachen für viele Fehler, die der Schüler macht, die differenzierten und individuell beeinträchtigten Teilleistungsbereiche sein. Damit sich der Schüler bzw. das Kind mit seiner vollen Aufmerksamkeit den folgenden Übungseinheiten widmen kann, ist es sehr wichtig, dass die einzelnen Bereiche kontinuierlich und der Reihenfolge nach trainiert werden. Zudem sollten die unten genannten Punkte für das erfolgreiche Üben beachtet werden:

- Feste Übungszeiten gemeinsam mit dem Kind/Schüler festlegen (ca. 2-4 mal pro Woche, jeweils ca. 10-20 Minuten pro Einheit). Keine zeitliche Überforderung (individuell abhängig)! Dieses Training sollte ein fester Bestandteil im Alltag der Kinder/Schüler sein.
- Für entspannte Atmosphäre sorgen (kein Zwang/Druck). Schüler bzw. Kinder müssen erkennen, dass die zusätzliche Hilfe nützlich ist.
- Lernfreundlicher Arbeitsplatz (fester Platz, aufgeräumter Schreibtisch, übersichtliches Arbeitsmaterial, geeignete Schreibwerkzeuge etc.).
- Bearbeiten Sie die einzelnen Übungen gemeinsam mit dem Schüler. Geben Sie nur soviel Hilfe, wie nötig!
- Wenn der Schüler konzentriert arbeitet, unterbrechen Sie ihn nicht.
- Bei Unklarheiten oder einem Fehler dem Kind Hilfe anbieten und mit ruhiger Stimme vermitteln, was falsch gemacht wurde.
- Loben Sie das Kind für eine vollbrachte Leistung (Das erzeugt Motivation!).

Ich wünsche allen Schülern, Therapeuten, Eltern und Lehrern viel Spaß beim Arbeiten mit diesem LRS-Trainer!

Andrea Schinhärl

2 Empfehlungen

Mögliche (Tisch-)Spiele für lese-rechtschreibschwache Kinder bzw. Schüler, die leicht im Alltag zu integrieren sind und zudem der ganzen Familie und/oder auch Klasse viel Freude und Spaß bereiten.

- **Wortsalat**
- **Memory**
- **Differix**
- **Figurix**
- **Ich packe meinen Koffer**
- **Blinde Kuh**
- **Ligrette**
- **Hangman**
- **Wer ist es?**
- **Gruselino**
- **Wort Fix**
- **Halli Galli**
- **Buchstaben-Suppe**
- **Wörter würfeln**
- **Lesehexe**
- **Ratz-Fatz**
- **Scrabble**
- **Letra-Mix**

Zum Verfestigen der einzelnen Regeln werden Diktate mit anschließender Fehleranalyse empfohlen. Tragen Sie alle Fehler, die der Schüler macht, in die folgende Tabelle ein, somit können Sie die Schwächen bzw. die Fehlerarten dokumentieren und gezielt üben!

Fehlerart	Fehleranzahl
Groß- und Kleinschreibung	
Fehlende Verdoppelung	
Fehler bei s - ss - ß	
Falsche Trennung	
b/p, g/k, d/t (Harte und weiche Konsonanten werden verwechselt.)	
Buchstaben ausgelassen	
Dehnungsfehler (-ie, -h)	
Schärfungsfehler (-ck, -tt)	
e statt ä, ä statt e	
v statt f, f statt v	
Komma, Punkt, fehlende Anführungszeichen	

KOHL VERLAG Lernen mit Erfolg
DER INNOVATIVE LRS-TRAINER
Schnelle Soforthilfe für alle gestressten Lehrer und Eltern – Bestell-Nr. 10 742

3 Empfehlung/Fehlertabelle/Lernwörter üben

Lernwörter üben

Wortkärtchen zum Kopieren und Ausschneiden. Üben Sie ca. vier mal pro Woche falsch geschriebene Wörter anhand eines Wortdiktates.
Vereinbaren Sie mit dem Schüler feste Zeiten zum Üben der Lernwörter. Falsch geschriebene Lernwörter bleiben solange im Stapel „falsche Wörter“, bis es vier mal hintereinander (je Übungstag) richtig geschrieben wird. Dieses Kärtchen kommt dann in den Stapel „richtige Wörter“. Einmal im Monat werden die „richtigen Wörter“ geübt. Werden sie dann immer noch richtig geschrieben, kann das Kärtchen ganz entfernt werden. Der Schüler hat das Wort nun abgespeichert.

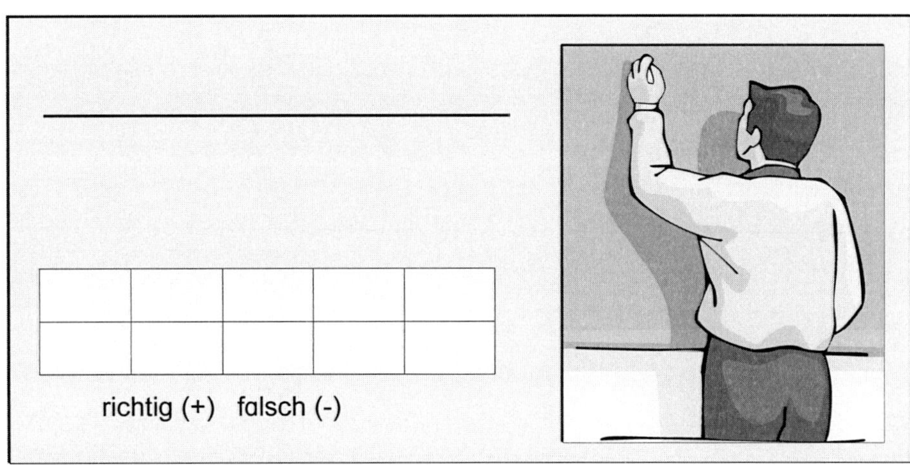

Dokumentation

Tag					
Wörter insgesamt					
richtige Wörter					
falsche Wörter					

DER INNOVATIVE LRS-TRAINER
Schnelle Soforthilfe für alle gestressten Lehrer und Eltern – Bestell-Nr. 10 742

3

Eventuelle Signale im Schulalter
– Verdacht auf Lese-Rechtschreibschwäche?

- [ ] Der Schüler hat große Schwierigkeiten beim Erlernen des Lesens und Schreibens.
- [ ] Der Schüler ist extrem langsam.
- [ ] Der Schüler hat große Schwierigkeiten beim Abschreiben.
- [ ] Der Schüler vertauscht semantisch ähnliche Wörter.
- [ ] Der Schüler schreibt dasselbe Wort unterschiedlich falsch.
- [ ] Der Schüler hat Schwierigkeiten beim Niederschreiben mündlicher Anweisungen.
- [ ] Der Schüler hat eine geringe auditive und/oder visuelle Merkfähigkeit.
- [ ] Der Schüler hat große Schwierigkeiten, bereits Erlerntes wieder abzurufen.
- [ ] Der Schüler hat Schwierigkeiten beim Erlernen von Reihenfolgen.
- [ ] Der Schüler hat Koordinationsschwierigkeiten.
- [ ] Der Schüler kann beim Schreiben oft die Zeile nicht einhalten (Einteilung).
- [ ] Der Schüler hat feinmotorische Schwierigkeiten.
- [ ] Der Schüler hat Schwierigkeiten mit Überkreuzbewegungen.
- [ ] Der Schüler hat eine verwaschene undeutliche Aussprache.
- [ ] Der Schüler hat einen geringen Wortschatz.
- [ ] Der Schüler ist extrem verkrampft.
- [ ] Der Schüler hat kaum/kein Selbstvertrauen/Selbstwertgefühl.
- [ ] Der Schüler kann im Gelesenen nur schwer Zusammenhänge erkennen.
- [ ] Der Schüler verwechselt Buchstaben, z.B. b/p, m/n usw.
- [ ] Der Schüler braucht für Schreibarbeiten überdurchschnittlich lange.
- [ ] Der Schüler kann oft Gelesenes nicht frei wiederholen.
- [ ] Der Schüler geht Anforderungen aus dem Weg.

Bitte beachten:

Falls mehr als fünf dieser oben aufgezählten Merkmale zusammentreffen, so liegt der Verdacht nahe, dass der Schüler legasthen ist. Es sollte fachärztlich abgeklärt werden (Kinder- und Jugendpsychiater, Legasthenieexperten, Schulpsychologen, etc. (z.B. mit standardisierten Tests)), ob sich dieser Verdacht bestätigt.

DER INNOVATIVE LRS-TRAINER
Schnelle Soforthilfe für alle gestressten Lehrer und Eltern – Bestell-Nr. 10 742

4 Das ABC

Alle Buchstaben des ABC:

A	a	N	n
B	b	O	o
C	c	P	p
D	d	Q	q
E	e	R	r
F	f	S	s
G	g	T	t
H	h	U	u
I	i	V	v
J	j	W	w
K	k	X	x
L	l	Y	y
M	m	Z	z

Selbstlaute:

Selbstlaute klingen nach sich selbst!

A - E - I - O - U

Umlaute:

Ä - Ö - Ü

Mitlaute:

B C D F G H J K L M N P Q R S T V W X Y Z

DER INNOVATIVE LRS-TRAINER
Schnelle Soforthilfe für alle gestressten Lehrer und Eltern – Bestell-Nr. 10 742

ABC-Kärtchen zum Ausschneiden

A

- Schneide alle Kreise und Kärtchen sorgfältig aus!
- Beschrifte alle Kreise mit dem ABC!
- Mische die Kreise und ordne sie nach dem ABC!
- Ordne die entsprechenden Buchstaben z.B. dem Kärtchen „Selbstlaute" zu usw.!

KOHL VERLAG Lernen mit Erfolg
DER INNOVATIVE LRS-TRAINER
Schnelle Soforthilfe für alle gestressten Lehrer und Eltern – Bestell-Nr. 10 742

5 ABC-Kärtchen zum Ausschneiden

KOHL VERLAG
DER INNOVATIVE LRS-TRAINER
Schnelle Soforthilfe für alle gestressten Lehrer und Eltern – Bestell-Nr. 10 742

5 ABC-Kärtchen zum Ausschneiden

5 ABC-Kärtchen zum Ausschneiden

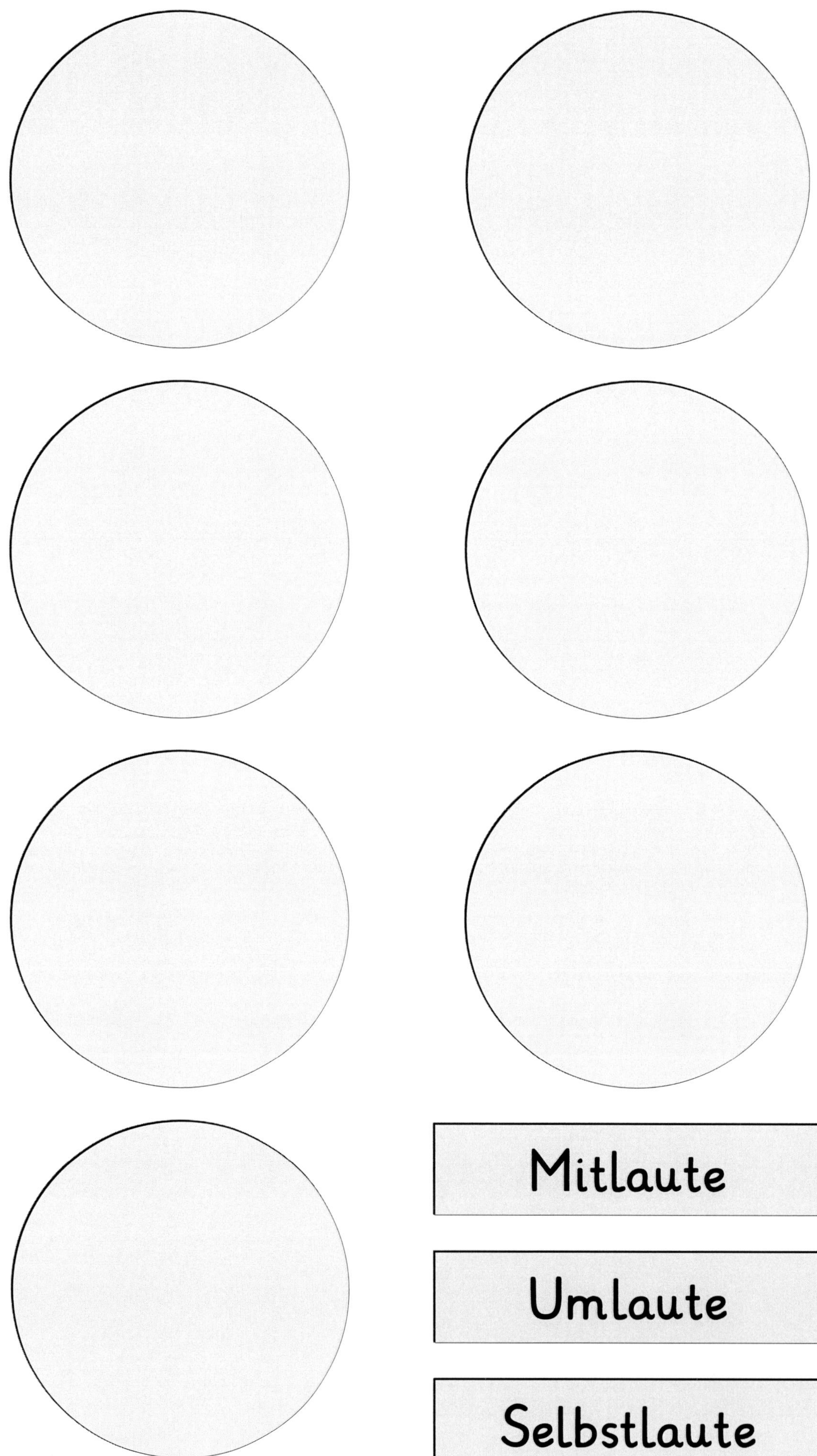

KOHL VERLAG
DER INNOVATIVE LRS-TRAINER
Schnelle Soforthilfe für alle gestressten Lehrer und Eltern – Bestell-Nr. 10 742

6 Silbenübung

Silbentrennung

Allgemein kann man Wörter so trennen, wie man sie beim langsamen Sprechen zerlegen kann (Robotersprache).

Das merke ich mir:	• Kein Silbenbogen ohne Selbstlaut (a–e–i–o–u, ä–ö–ü, au–ei–eu–ie–äu)!

A

- Wie viele Silben sind es? Klatsche zu den Wörtern in der Tabelle!
- Male an: – Alle Wörter mit einer Silbe ○
  – Alle Wörter mit zwei Silben ●
  – Alle Wörter mit drei Silben ●

a) Frosch ○
b) Apfel ○
c) Kiste ○
d) Kassette ○
e) Hund ○
f) Stern ○
g) Himmel ○
h) Name ○
i) Banane ○
j) Blume ○

k) Stoff ○
l) Stein ○
m) Stift ○
n) Würfel ○
o) Ärmel ○
p) Eisbär ○
q) Feuer ○
r) Stempel ○
s) Teebeutel ○
t) Maschine ○

- Finde nun fünf Wörter mit vier Silben! 

____

DER INNOVATIVE LRS-TRAINER
Schnelle Soforthilfe für alle gestressten Lehrer und Eltern – Bestell-Nr. 10 742
KOHL VERLAG

Silbenübung

C • Setze die einzelnen Silben richtig zusammen und schreibe die Wörter auf die Zeilen!

1.) un-lich-fähr-ge ______________________

2.) fahrt-to-Au-bahn ______________________

3.) pu-Com-ter-tisch ______________________

4.) de-wan-Ba-ne ______________________

5.) fut-de-Hun-ter ______________________

6.) ü-ben-Sil-en-bung ______________________

7.) kut-de-Pfer-sche ______________________

8.) cha-to-Au-me-ker-ni ______________________

• Finde das Wort und male ein Bild!

   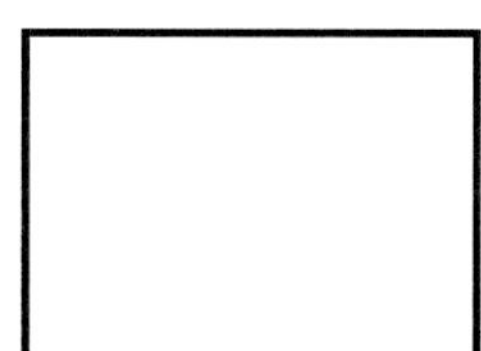 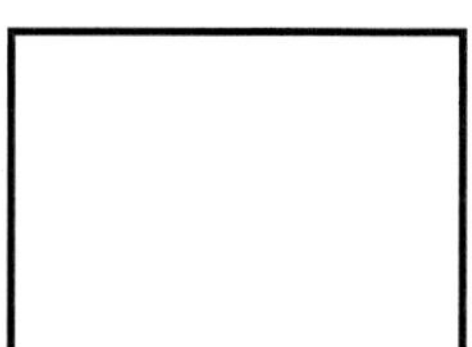

a)		b)		c)		d)		e)	
to	Au	Blu	te	se	Ba	tung	Se	Hoch	Ka
To	ko	me	Ka	Mäu	te	ta	Zei	haus	net

• Bilde aus folgenden Silben 10 Wörter und setze sie sinnvoll in die Sätze ein! Schreibe die Sätze in dein Heft!

tik – chen – hörn – Schul – nis – Ga – Ton – the – bus – ra – Ze – Zeug – bra – ne – ma – ge – Eich – El – bend – tern – a – Ma – hö – rer – buch

a) Der ______________ dauerte an der Realschule sehr lange.
b) Die ______________ ist voller Regenwasser.
c) Das ______________ ist gestreift.
d) Das ______________ ist sehr gut ausgefallen
e) Das ______________ sammelt im Herbst viele Nüsse.
f) Der ______________ ist morgens sehr voll.
g) In der ______________ stehen zwei Autos.
h) Das ______________ hat der Schüler zu Hause vergessen.

KOHL VERLAG
DER INNOVATIVE LRS-TRAINER
Schnelle Soforthilfe für alle gestressten Lehrer und Eltern – Bestell-Nr. 10 742

7 1. Übungseinheit

Konzentrationsübung

- Wie oft sind die Buchstaben – B, b, P, p – versteckt?
  Trage das Ergebnis jeweils unten ein!

ArgncZkTeiaDKEkdildnbkdiwDJKDeJEdie
DEdialeklllkddkeDvaiDalsieDcvVviBabtida
JKilöäHBfrukjTQulZRkHvbbirlBPätbzediei
ulZheieölUtraiHleöaökafjfjköaslkflupoAleio
ajksflödHZöakJZGajklöffklöalkBNMddOPp
ölaksdfjiHhpoerwrierzaiouHHagökbjönieöa
jhOULffjeilkdjldjGglaHbvbiafPöqljBAvuisdf
HajösfnbgjriBPEDTölasfdjbdSeökldkiepop
JieofjöieodfpiejldfkdhfGfjeejiohggfpüwelqlp
pafföabbapbpaoibpbpjpbbjaiebkajdksjdfoif
jdödkhgogiupxobibpraaiewqrüüqrpgpüvnä

Die Buchstaben:

B = ________

b = ________

P = ________

p = ________

DER INNOVATIVE LRS-TRAINER
Schnelle Soforthilfe für alle gestressten Lehrer und Eltern – Bestell-Nr. 10 742
KOHL VERLAG

7 1. Übungseinheit

Wahrnehmungsübung

B • Ordne die folgenden Buchstaben der Größe nach, von klein nach groß!

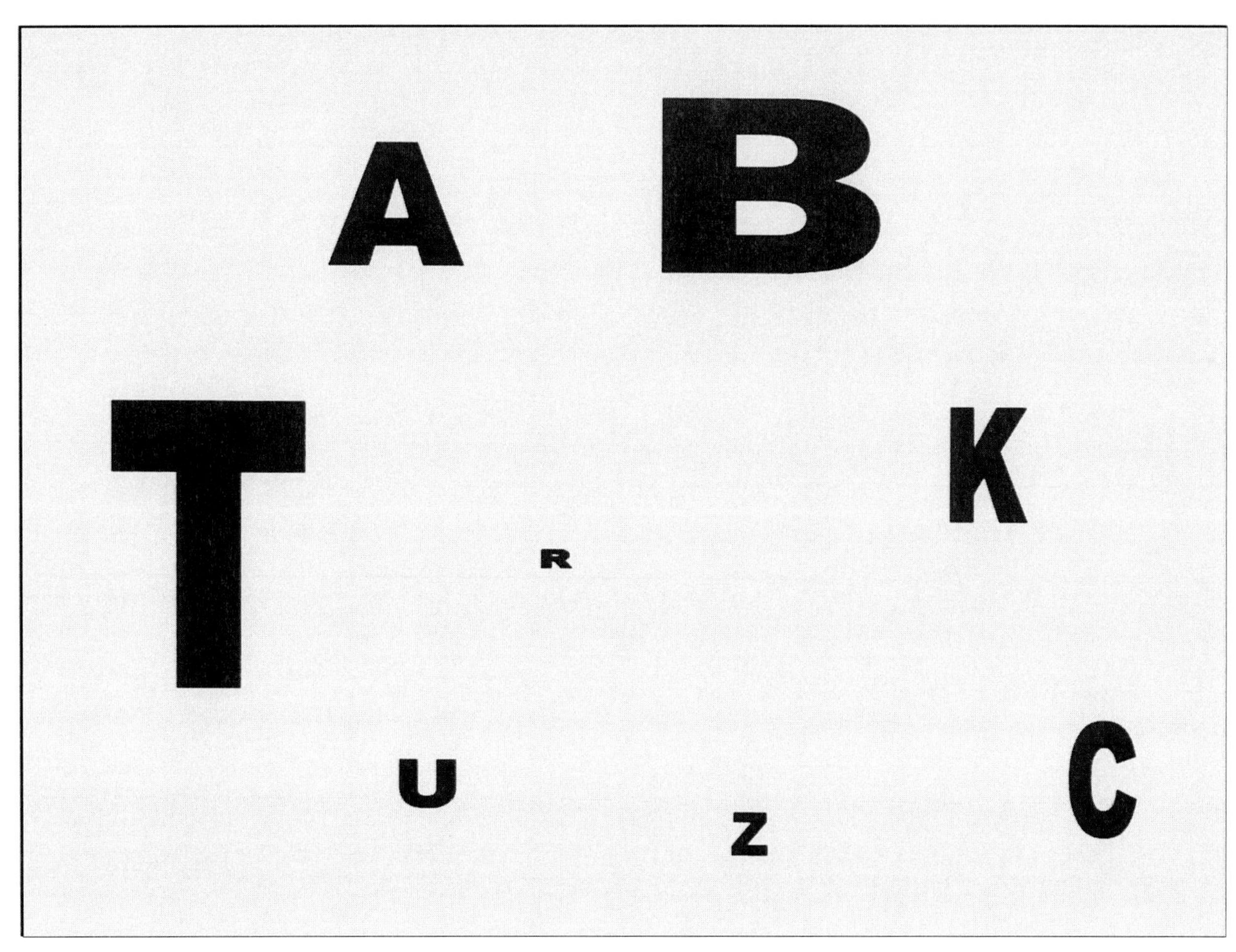

Schreibe die Buchstaben hier der Reihe nach auf: ______________________

C • In jeder ABC-Reihe fehlt ein Buchstabe.
Finde ihn und schreibe ihn in das jeweilige Kästchen!

a) ABCDFGHIJKLMNOPQRSTUVWXYZ ☐

b) ABCDEFGHIJKLMNOPRSTUVWXYZ ☐

c) ABCDEFGHIJKLMNOPQRSTUWXYZ ☐

d) ABCDEFGHIJKLMNOPQRSTUVWYZ ☐

e) ABCDEFGHIKLMNOPQRSTUVWXYZ ☐

KOHL VERLAG
DER INNOVATIVE LRS-TRAINER
Schnelle Soforthilfe für alle gestressten Lehrer und Eltern – Bestell-Nr. 10 742

7 1. Übungseinheit

Rechtschreibübung

Das merke ich mir:

- **Namenwörter** (Nomen/Substantive) werden immer **groß** geschrieben!
- **Namenwörter sind:** – Menschen, Namen
  - Tiere
  - Pflanzen
  - Gegenstände
  - gedachte Dinge (die ich fühlen kann, z.B. Wut, Angst, Freude, usw.)
- Namenwörter können Begleiter haben: der – die – das
- **Namenwörter** kann ich oft an ganz **bestimmten Endungen** erkennen. Beispiele: -ung, -heit, -keit, -nis, -schaft, -tum, -er/in

D

- Finde 8 Substantive (Nomen) mit Artikel (Begleiter)!

______________________ ______________________

______________________ ______________________

______________________ ______________________

______________________ ______________________

E

- Setze zuerst das richtige Substantiv (Nomen) ein und schreibe danach das zusammengesetzte Adjektiv daneben! Schreibe in dein Heft/in deinen Ordner!

		zusammengesetztes Adjektiv
a) So grau wie eine	______________	______________
b) So hoch wie ein	______________	______________
c) So weich wie	______________	______________
d) So flink wie ein	______________	______________
e) So schnell wie der	______________	______________
f) So scharf wie ein	______________	______________

7 1. Übungseinheit

F • Bilde aus den folgenden Verben entsprechende Substantive (Nomen) mit passenden Nachsilben!

<u>Beispiel</u>: wohnen – *die Wohnung*

a) singen – ______	f) erlauben – ______
b) herrschen – ______	g) bestatten – ______
c) trauern – ______	h) räumen – ______
d) erleben – ______	i) ordnen – ______
e) begegnen – ______	j) bewegen – ______

G • Kreise alle Substantive (Nomen) ein, die du nicht anfassen kannst!

Wurm Stoff Angst

H • Finde jeweils fünf Wörter zu den folgenden Endungen!

-ung ⇨ *Begegnung, ...* ______

-heit ⇨ ______

-keit ⇨ ______

-nis ⇨ ______

-tum ⇨ ______

-schaft ⇨ ______

KOHL VERLAG
DER INNOVATIVE LRS-TRAINER
Schnelle Soforthilfe für alle gestressten Lehrer und Eltern – Bestell-Nr. 10 742

8 2. Übungseinheit

Konzentrationsübung

• Bei der folgenden Übung ist ein gemeinsames Ende einer Wortgruppe vorgegeben, es fehlt allerdings der Anfang des Wortes. Ergänze!

Beispiel:

Ob -st
Herb -st
Lu -st
Kun -st

a) ______ mer
______ mer
______ mer
______ mer

b) ______ rke
______ rke
______ rke
______ rke

c) ______ fer
______ fer
______ fer
______ fer

d) ______ os
______ os
______ os
______ os

e) ______ schaft
______ schaft
______ schaft
______ schaft

f) ______ ter
______ ter
______ ter
______ ter

g) ______ se
______ se
______ se
______ se

h) ______ nis
______ nis
______ nis
______ nis

DER INNOVATIVE LRS-TRAINER
Schnelle Soforthilfe für alle gestressten Lehrer und Eltern – Bestell-Nr. 10 742
KOHL VERLAG

8

2. Übungseinheit

Wahrnehmungsübung

B

- Schreibe alle Wörter von rechts nach links (bzw. von links nach rechts, solltest du Linkshänder sein). Fange bei dem Wort „es" also mit dem Buchstaben s an und setze dann das e daran usw. ...

Für Linkshänder:

______________________ es

______________________ man

______________________ Mutter

______________________ dabei

______________________ muss

______________________ nicht

Für Rechtshänder:

es ______________________

man ______________________

Mutter ______________________

dabei ______________________

muss ______________________

nicht ______________________

KOHL VERLAG DER INNOVATIVE LRS-TRAINER
Schnelle Soforthilfe für alle gestressten Lehrer und Eltern – Bestell-Nr. 10 742

8 2. Übungseinheit

Rechtschreibübung

Das Dehnungs-h

Das merke ich mir:

- Folgt auf einen lang gesprochenen Vokal (a-e-i-o-u) oder Umlaut (ä-ö-ü) ein

  L M N oder R,

  so ist häufig im Wort ein -h.

- Wörter, die mit

  Kr- Sch- Qu- T- Sp-

  beginnen, haben im Wort kein -h.

- Setze ein!

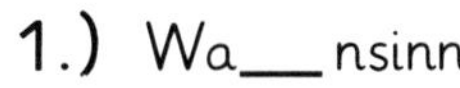

1.) Wa__nsinn 2.) E__sel 3.) Lö__we

4.) Ka__min 5.) Lie__be 6.) Re__gen

7.) Wo__nung 8.) Wo__lle 9.) Bü__ne

10.) natü__rlich 11.) frö__lich 12.) Gemü__se

13.) Que__lle 14.) Vo__gel 15.) ze__n

16.) Spa__lte 17.) fe__len 18.) Zä__ne

19.) Spü__lmaschine 20.) Ra__men 21.) gemü__tlich

22.) Lü__ftung 23.) Kö__nig 24.) Wo__lke

25.) Kale__nder 26.) fü__ren 27.) Blu__se

28.) Te__lefo__n 29.) Ho__nig 30.) Ko__le

31.) Kleiderbü__gel 32.) schwe__r 33.) Le__rer

DER INNOVATIVE LRS-TRAINER
Schnelle Soforthilfe für alle gestressten Lehrer und Eltern – Bestell-Nr. 10 742
KOHL VERLAG

8 2. Übungseinheit

 • h- oder nicht? Setze ein! 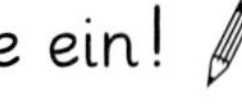

a) Keiner verste___t, was Barbara sagt.

b) Je frü___er, desto besser.

c) Sie hat i___r ganzes Leben hart gearbeitet.

d) Lukas schei___nt i___r zu vertrauen.

e) Sie ging frü___zeitig zum Zug.

f) Am Ba___nhof waren vie___le Leute.

g) Sie hatte aber nur we___nige Freunde.

h) Das Mä___dchen fü___rchtete sich am A___bend.

i) Ich kann dir die___se Bitte nicht abschla___gen.

j) Der Ho___nig schmeckte wa___nsinnig gu___t.

k) Josef sah dem Kra___n am See___zu___.

l) Er schie___n überall mit lauter Blä___schen übersä___t zu sein.

 • Finde jeweils zehn Wörter mit den folgenden Anfangsbuchstaben! 

Kr- ⇨ *Kreide, ...* ______________________

____

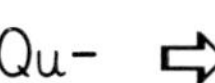

Qu- ⇨ ______________________

____

T- ⇨ ______________________

____

Sch- ⇨ ______________________

____

Sp- ⇨ ______________________

____

KOHL VERLAG DER INNOVATIVE LRS-TRAINER Schnelle Soforthilfe für alle gestressten Lehrer und Eltern – Bestell-Nr. 10 742

9 3. Übungseinheit

Konzentrationsübung

Den Puls fühlen

A • Du sitzt auf einem bequemen Stuhl und schließt die Hände (die Fingerkuppen sollen sich dabei berühren). Die Augen sind auf beide Daumen gerichtet. Spüre nun ganz bewusst das Pulsieren in den Fingerkuppen (etwa 10 Sekunden lang).

Dokumentiere anschließend, wie du dich während dieser Übung fühltest. (Diese Aufgabe kann wahlweise auch ein Außenstehender, z.B. Lehrer, Eltern, Partner, dokumentieren.)

B • Wie viele Mitlaute sind im ABC vorhanden?
Zähle sie und trage die Antwort in das Kästchen ein!

Es sind ☐ Mitlaute im ABC vorhanden.

9

3. Übungseinheit

Wahrnehmungsübung

- Ordne die Buchstaben und schreibe das Wort richtig auf!

a) LFÖFLE = ______________

b) EHLRER = ______________

c) TFEAL = ______________

d) OHSE = ______________

e) TSHCEA = ______________

f) ATUO = ______________

g) KDIN = ______________

h) TROTE = ______________

i) LBATT = ______________

j) OFTO = ______________

k) GLED = ______________

l) LIANLE = ______________

m) SULCHE = ______________

n) KFPON = ______________

o) YABB = ______________

p) TSCEHDU = ______________

q) MBULE = ______________

r) HCSLEU = ______________

- Wie oft kannst du die Buchstaben „q" und „p" finden? Zähle nach und trage ein!

q	p	q	q	p	q
	p	q	p	p	
p	q	p	q	q	p
	q	q	p	p	
p	p	q	q	p	q
	p	q	p	q	
q	q	p	q	p	q

q = ________ mal

p = ________ mal

KOHL VERLAG
DER INNOVATIVE LRS-TRAINER
Schnelle Soforthilfe für alle gestressten Lehrer und Eltern – Bestell-Nr. 10 742

9 3. Übungseinheit

Rechtschreibübung

Harte und weiche Konsonanten: **b / p, g / k, d / t**

Das merke ich mir:

- Wort deutlich aussprechen.
- Vom Wort die Steigerungsform (Adjektiv) oder die Mehrzahl (Nomen) bilden.

E • Setze ein: d oder t

Obs ___ Pfer ___ Gegen ___ Pfan ___ Sei ___ e Hun ___

Heima ___ blin ___ Arbei ___ S ___ an ___ Schil ___ ha ___

Wun ___ e No ___ e Sam ___ Haup ___ Han ___ Knech ___

Luf ___ La ___ ein Glie ___ Her ___ En ___ e Kin ___

___ ose Fein ___ Fel ___ no ___ wen ___ ig en ___ gül ___ ig

s ___ än ___ ig Gewich ___ Augenli ___ ___ asche ___ egen

Jugen ___ Mach ___ A ___ om bekann ___ Anfor ___ erung

F • Fehlt der Endbuchstabe g oder k? Verbinde!

a) der Ber
b) we
c) star
d) der Kal
e) klu
f) der Honi
g) kar
h) der We
i) ar

g

k

9 3. Übungseinheit

G • Setze ein: b oder p

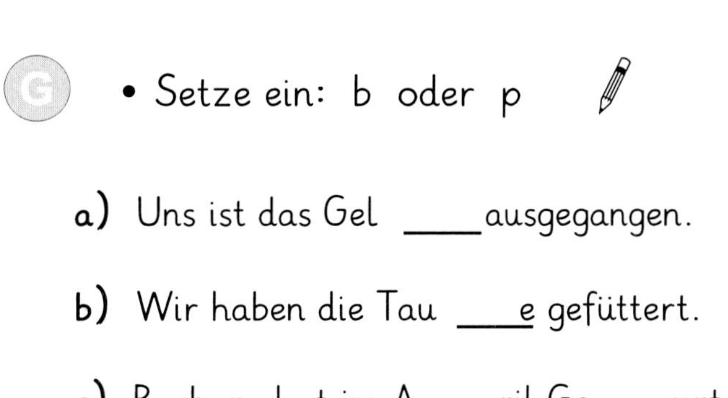

a) Uns ist das Gel ____ausgegangen.

b) Wir haben die Tau ____e gefüttert.

c) Barbara hat im A ____ril Ge____urtstag.

d) Der Gi ____s muss noch hart werden.

e) Heute muss ich noch einen Stau ____sauger kaufen.

f) Der Die____ hat Geld gestohlen.

g) Ich räume meine Spielsteine in eine ____ox.

h) Gestern hatte ich einen Al ____traum.

i) Die Weintrau ____en schmecken süß.

j) Aus einer Rau ____e wird ein schöner Schmetterling werden.

k) Die Lam ____e brennt hell.

l) Die Ta____ ete gefällt mir gut.

H • Markiere alle Wörter mit G/g blau und alle Wörter mit K/k gelb!

Der Glockenturm

Gestern besuchte Martin seinen Freund Lukas auf einer Berghütte. Vorgenommen hatten sie sich eine kleine Wanderung ins Tal. Dort wollten sie auf einen Glockenturm klettern, um die Kirchturmglocke anzusehen. Der Weg dorthin war sehr hügelig und uneben. Oft stolperten die Jungen. Insgesamt benötigten sie für die Wanderung ungefähr zwanzig Minuten. Die Glocken hatten ihnen gut gefallen. Sie hatten Glück und kamen genau zur vollen Stunde an. Somit konnten sie die einzelnen Glockenschläge ganz genau beobachten. Nachdem die zwei Jungen im Dorf ein Eis gegessen hatten, machten sie sich wieder auf den Rückweg. Auf dem Weg nach Hause hatten sie viele verschiedene Tiergeräusche gehört. Interessant war kurz vor der Berghütte das Bienenvolk gewesen. Lukas Eltern machen selbst Honig. Zu Hause angekommen, durfte sich Martin ein Glas Honig mit nach Hause nehmen.

Wörter, die nicht ganz richtig geschrieben wurden, können auf Karteikarten geschrieben werden und per Karteikastensystem bearbeitet werden.

10 4. Übungseinheit

Konzentrationsübung

Wörter finden

• Finde die einzelnen Wörter. Sie sind jeweils bis zu fünfmal vorwärts oder rückwärts versteckt! Du kannst vorwärts und rückwärts lesen!

BLUME	MEEMULBRTEWBLUMEUQWIREMUBÖEIBLUMEEMULBRUMBLIE
VOLK	KOLKVOLKLOKLKLOVVKLUOKKLOVQWEVIVJVOLVEVOLKKELV
MAUS	SAUMMAUAUSMAUSEHAHNSUAMLINDAMAUSSAUMSUAMMAUE
UND	DNUDNUUNDUDKEHUDUNKDNUDANVUEKDNUNUNINDIDUDNIED
BIENE	AENEIBBLAULAUFEENEIBBIENEENEIPBLEIBEBIENEUNDBIENEB
HUNDE	LEINEBUNDEDNUHHUNDEWUNDEEDNUHGHDIEHUNDEKPHUNDE
COMPUTER	RETUPMOCJDIECOMPUTERCOMPUTEPCOMPUTERKLRETUPMOC
BUCH	BÜCHEREIBUCGHCUBTUCHBUCHHCUBRUCHBUCHWUCHTENTE
TON	NOTENOTTONENNETNOEFNOENJTOPNOTKLOTEPNDIEOSKAJDK
FISCH	HCSITFHCSISFISCHHCSIFFISCHHICHTEHECHTFISCHEREIBOOTEN

DER INNOVATIVE LRS-TRAINER
Schnelle Soforthilfe für alle gestressten Lehrer und Eltern – Bestell-Nr. 10 742
KOHL VERLAG

4. Übungseinheit

Wahrnehmungsübung

Die liegende Acht

B

- Für die folgende Übung benötigst du:
  Papier im DIN A3 – Format, Wachsmalstifte
  und eventuell Entspannungsmusik.
- Male auf ein Blatt Papier eine liegende Acht. Lege nun das Blatt so vor dich hin, dass der Mittelpunkt der Acht genau vor der Körpermitte liegt. Mit einem Wachsmalstift kann dann die Acht nachgezeichnet werden. Beginn ist die Mitte.

Variationen: 10x mit der rechten Hand
10x mit der linken Hand
10x mit beiden Händen

C

- Welche Wörter kommen zweimal vor? Unterstreiche sie grün! Schreibe sie unten auf die Linien!

MATTE – MATTER – MATTEN – MATTE
SATTE – STATT – SATTE – SATTER
WATTE – WATTEN – WATT – WATTE
BUNTE – BUNTER – BUNTES – BUNTER
MOOSE – MOSERN – MOSTEN – MOOSE
TASSE – TASTEN – TASSE – TASSEN
LOSE – LOS – LOSEN – LOTSE – LOSE
BUNTER – BUNT – BUNTES – BUNTER
FASSEN – FASTEN – FASSEN – FASTE

____

____

KOHL VERLAG
DER INNOVATIVE LRS-TRAINER
Schnelle Soforthilfe für alle gestressten Lehrer und Eltern – Bestell-Nr. 10 742

10 4. Übungseinheit

Rechtschreibübung

Schärfung: –ck

Das merke ich mir:

- In der Mitte des Wortes – zwischen den Silben – wird aus

K k ⇨ c k

⇩ ⇩

So spreche ich. So schreibe ich.

D

- Finde selbst neun Wörter mit ck mithilfe der Silbentrennung.
  Es dürfen allerdings keine Wörter aus Aufgabe F verwendet werden!

____________	____________	____________
____________	____________	____________
____________	____________	____________

E

- K / k oder ck? Setze richtig ein!

a) Gestern habe ich einen großen Schre ____ bekommen.

b) Mama hat mich heute sehr früh aufgewe____t.

c) Der Tri____ hat mir sehr gut gefallen.

d) Gestern habe ich während der Probe gespi____t.

e) Mein Rü____en tut mir sehr weh.

f) Morgen werde ich einen Scho____oladen____uchen ba____en.

g) Meine Tante hat mir ein Pa____et geschi____t.

h) Der Anora ____ hängt am Garderobenha____en.

KOHL VERLAG
DER INNOVATIVE LRS-TRAINER
Schnelle Soforthilfe für alle gestressten Lehrer und Eltern – Bestell-Nr. 10 742

5. Übungseinheit

Konzentrationsübung

A • Betrachte die einzelnen Bilder genau 10 Sekunden lang. Decke anschließend die Bilder zu und zähle laut von eins bis zehn. Schreibe nun möglichst alle Bilder, die du gesehen hast, auf. Nochmaliges Nachschauen ist hierbei allerdings nicht erlaubt!

11 5. Übungseinheit

Wahrnehmungsübung

B • Ordne den Buchstaben die richtigen Zahlen zu!

A	1
F	2
G	3
J	4
K	5
L	6
Ö	7
P	8
Z	9
T	10
R	11
E	12
W	13
Q	14

	Q
	W
	R
	Z
	Ö
	K
	G
	A
	F
	J
	L
	P
	T
	E

DER INNOVATIVE LRS-TRAINER
Schnelle Soforthilfe für alle gestressten Lehrer und Eltern – Bestell-Nr. 10 742
KOHL VERLAG

5. Übungseinheit

Rechtschreibübung

Doppelung: -ss

Das merke ich mir:
- „ss" folgt auf einen kurz gesprochenen Selbstlaut!

- Unterstreiche alle Wörter orange, in denen der Vokal (Selbstlaut) kurz gesprochen wird!

Pass Wiese Kurs Husten

Fluss Fuß Kissen Kies niesen

Straße Kiste Riss Essen messen Wasser

Kasten Kloß grasen grüßen reisen reißt

rasen Rassen lassen groß mischen Blase

- Bilde die Aussageformen von folgenden Verben!

Beispiel: grasen ⇨ er grast

a) streichen ⇨ er ______________ f) büßen ⇨ er ______________

b) reisen ⇨ er ______________ g) sausen ⇨ er ______________

c) blasen ⇨ er ______________ h) rasen ⇨ er ______________

d) grüßen ⇨ er ______________ i) hassen ⇨ er ______________

e) pressen ⇨ er ______________ j) lassen ⇨ er ______________

KOHL VERLAG
DER INNOVATIVE LRS-TRAINER
Schnelle Soforthilfe für alle gestressten Lehrer und Eltern – Bestell-Nr. 10 742

11 5. Übungseinheit

E • Schreibe folgende Substantive (Nomen) in der Mehrzahl auf!

a) das Schloss ⇨ ____________ b) der Riss ⇨ ____________

c) das Kissen ⇨ ____________ d) der Biss ⇨ ____________

e) die Kiste ⇨ ____________ f) der Fluss ⇨ ____________

F • Ordne die folgenden Begriffe den richtigen Fragen zu!

Pass – Hass – Schloss – Flossen – Rüssel – Gasse

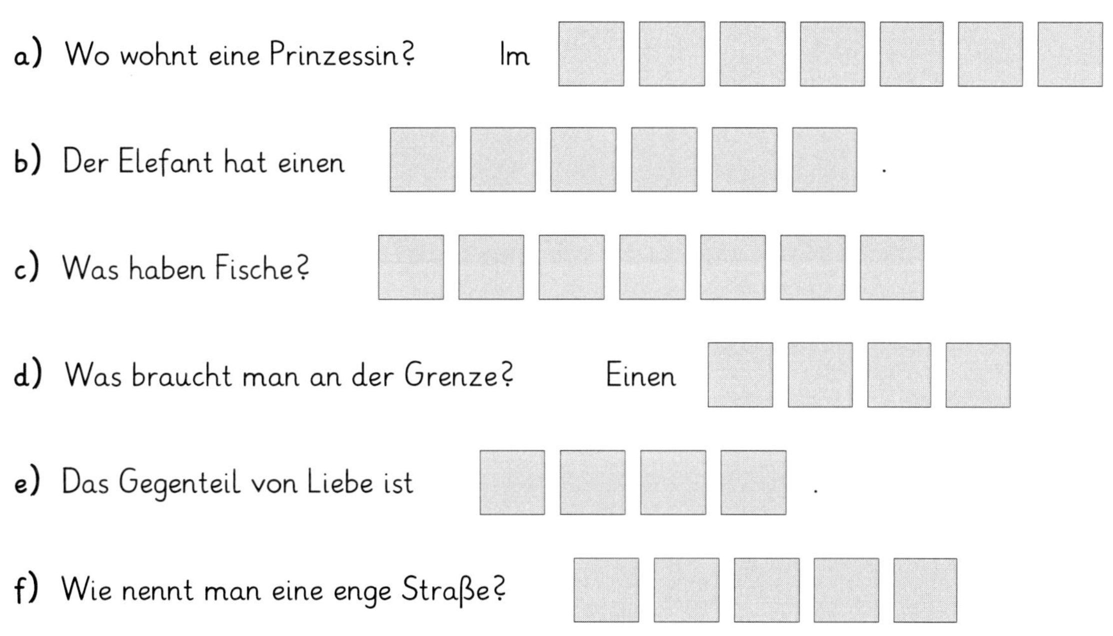

a) Wo wohnt eine Prinzessin? Im ☐☐☐☐☐☐☐

b) Der Elefant hat einen ☐☐☐☐☐☐ .

c) Was haben Fische? ☐☐☐☐☐☐☐

d) Was braucht man an der Grenze? Einen ☐☐☐☐

e) Das Gegenteil von Liebe ist ☐☐☐☐ .

f) Wie nennt man eine enge Straße? ☐☐☐☐☐

G • Finde zu jedem Wort ein passendes Reimwort mit „ss" und bilde daraus einen sinnvollen Satz!

a) Tasse ____________ ______________________________

b) Kissen ____________ ______________________________

c) müsste ____________ ______________________________

6. Übungseinheit

Konzentrationsübung

• Male ein Bild zu der folgenden Geschichte!

Auf dem Bauernhof

Gestern war ich mit meiner Oma zu Besuch auf einem Bauernhof. Dort haben wir viele verschiedene Tiere gesehen.
Ganz besonders gut hat mir der große Pfau mit seinen bunten Federn gefallen. Sie schimmerten gelb, blau, lila und grün. Er stand direkt im Sonnenlicht neben einem kleinen Goldfischteich. Es waren fünf orangefarbene Goldfische und drei gelbe Seerosen im Wasser.
Neben dem Teich standen ein kleiner Kirschbaum mit vielen roten Kirschen, eine Leiter und eine blaurot gestreifte Sonnenliege. Auf dieser Liege lagen ein grüner Kugelschreiber, ein Rätselheft und unter der Liege noch eine Sonnenbrille sowie eine Sonnencreme von Nivea.

KOHL VERLAG
DER INNOVATIVE LRS-TRAINER
Schnelle Soforthilfe für alle gestressten Lehrer und Eltern – Bestell-Nr. 10 742

6. Übungseinheit

Wahrnehmungsübung

- Spiegele folgende Wörter! 

Hund

Pfau

Schule

Affe

Sonne

Maus

KOHL VERLAG DER INNOVATIVE LRS-TRAINER Schnelle Soforthilfe für alle gestressten Lehrer und Eltern – Bestell-Nr. 10 742

12 6. Übungseinheit

Rechtschreibübung

Schärfung: -ß

Das merke ich mir:

- Der Buchstabe „ß" folgt auf einen lang gesprochenen Vokal (a-e-i-o-u), auf einen langen Umlaut (ä-ö-ü) oder einen lang gesprochenen Doppellaut (ei-, -ie, äu-, eu-). Denke auch an Sp- / St- !!!

C

- Setze den fehlenden Buchstaben ein. Erkläre deinem Tischpartner, warum du ein „ß" einsetzt!

Fu ___	gie___en	Fu___ball
Stra___e	au___en	Spa___
flie___en	Flei ___	bei___en

D

- Welches Wort passt in den Satz? Streiche das falsche Wort durch!

a) Nun last / lasst doch den Hamster endlich in Ruhe!

b) Bitte ließ / lies dieses Buch zu Ende!

c) Oma reist / reißt morgen wieder ab.

d) Papa fast / fasst in die Keksdose.

e) Iss / is alles auf!

f) Schlieslich / Schließlich muss ich pünktlich sein.

g) Komm bis / biss zur Linie vor.

h) Die Donau fliest / fließt durch Regensburg.

i) Dies war ein heftiger Stoß / Stos.

6. Übungseinheit

E

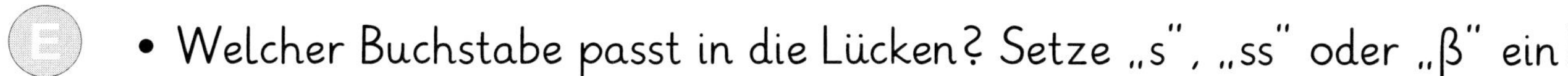
• Welcher Buchstabe passt in die Lücken? Setze „s", „ss" oder „ß" ein!

Fu___ball Ku___

Ki___te Lu___t Nü___e

schie___en Li___t Lo___

Vor___icht Ki___en hei___

schlie___en Bi___ mü___en

spa___en bei___en

Schlö___er Schlü___el

F

• Ist „s", „ss" oder „ß" richtig? Streiche jeweils die falsche Schreibweise durch!

Gestern/Gesstern bin ich erßt/erst etwas/etwass später nach Hause/Hausse gekommen. Nach dem Abendeßen/Abendessen habe ich mir gemeinßam/gemeinsam mit meinem Vater ein Fusballspiel/Fußballspiel/Fußballsspiel im Fernsehen/Fernßehen angeßehen/angesehen. Das/Dass Spiel war sehr interesant/interessant und lusstig/lustig zugleich. Wir hatten ziemlich viel Spas/Spaß zusammen/zußammen. Anschliesend/Anschließend spielten wir noch ein bischen/bisschen Karten. Das Spiel hies/hieß „Geologen". Mein Vater hat sehr gut gespielt/geßpielt und meisstens/meistens gewonnen.

13 7. Übungseinheit

Konzentrationsübung

A • Das untere Bild enthält 10 Fehler. Finde und markiere sie!

7. Übungseinheit

B • Wie viele Pakete kannst du erkennen?

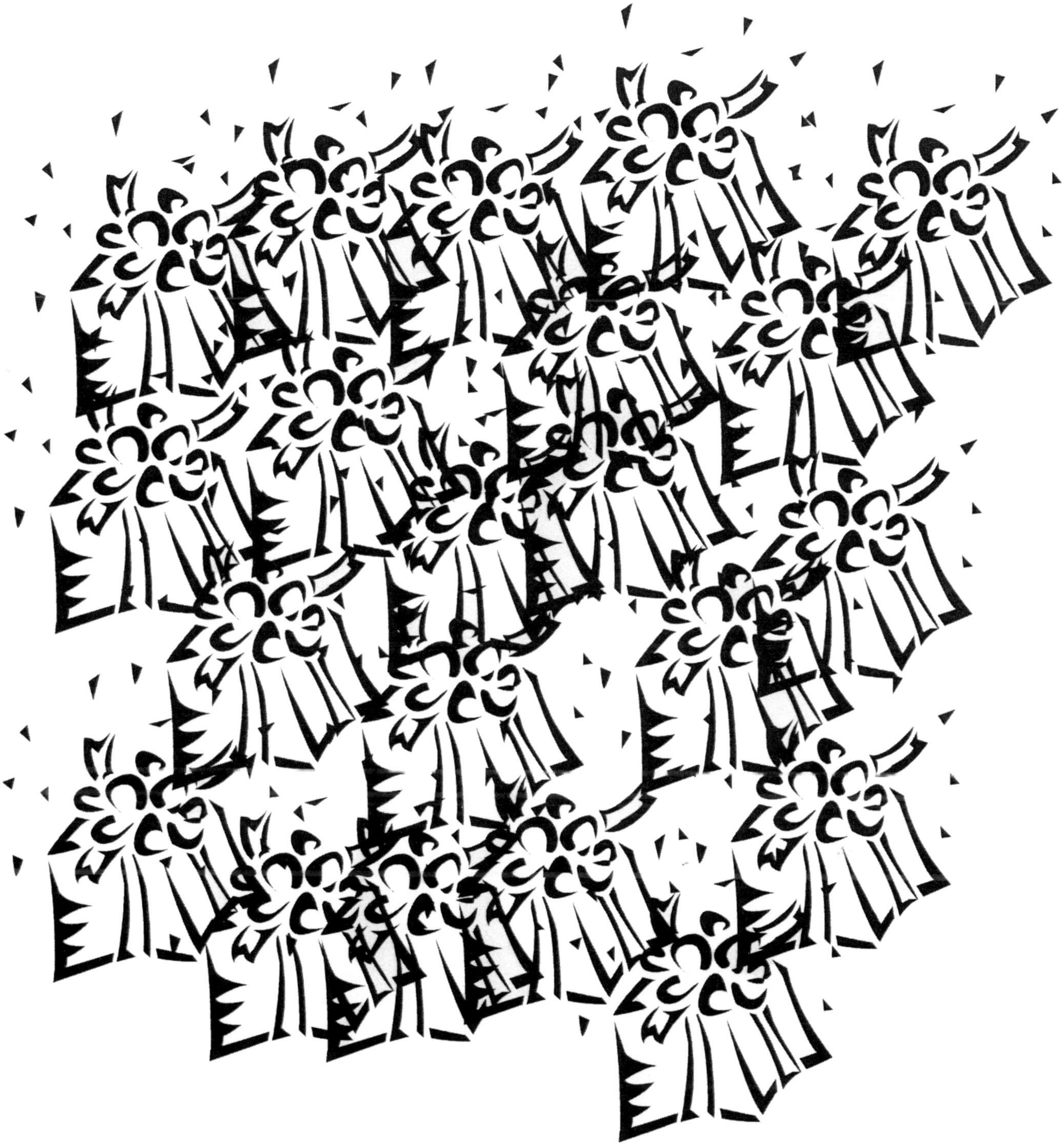

Es sind Pakete.

13 7. Übungseinheit

Rechtschreibübung

Dehnung: –ie

Das merke ich mir: • Höre und spreche ich am Ende einer Silbe ein langes [:i], so schreibe ich meistens –ie.

C

- Setze richtig ein!
- Setze anschließend Silbenbögen und versuche, die oben genannte Regel anzuwenden!

a) Demokrat ___	b) Pr___nzess___n	c) Garant ___
d) verd___nen	e) or___ g___nell	f) Z___mmer
g) fl___hen	h) ___ hr	i) g___ßen
j) w___nseln	k) d___fferenz___ ren	l) sch ___ßen
m) R___gel	n) b___tten	o) W___ rkl___chkeit
p) abst___mmen	q) T___rpark	r) fl___gen

- Vervollständige die Sätze mit den vorgegebenen Wörtern. Achte dabei auf die richtige Form! Beispiel: Der Ast ***biegt*** (biegen) sich.

a) Die Fußballmannschaft __________ (siegen) sehr oft.

b) Die Mutter __________ (sieben) das Mehl.

c) Das Kind __________ (wiegen) sieben Kilogramm.

d) Der Vogel __________ (piepen) in dem Nest.

e) Der Flieger __________ (fliegen) nach Griechenland.

DER INNOVATIVE LRS-TRAINER
Schnelle Soforthilfe für alle gestressten Lehrer und Eltern – Bestell-Nr. 10 742
KOHL VERLAG

7. Übungseinheit

- Bilde aus den folgenden Wörtern jeweils einen Satz!

Brief – liegen – spielen – fielen – viele – verlieben

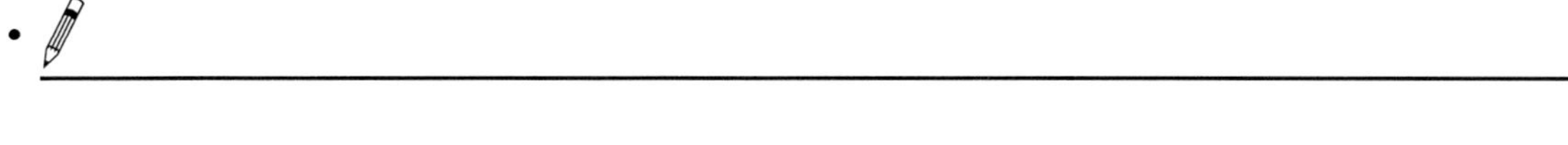

-
-
-
-
-
-

- Finde zu den folgenden Substantiven (Nomen) passende Verben!

a) der Sieg ⇨ ________

b) der Krieg ⇨ ________

c) die Wiege ⇨ ________

d) die Liebe ⇨ ________

e) das Spiel ⇨ ________

f) die Liege ⇨ ________

g) der Beginn ⇨ ________

h) die Miese ⇨ ________

i) die Fliegerei ⇨ ________

j) der Mief ⇨ ________

KOHL VERLAG
DER INNOVATIVE LRS-TRAINER
Schnelle Soforthilfe für alle gestressten Lehrer und Eltern – Bestell-Nr. 10 742

14 8. Übungseinheit

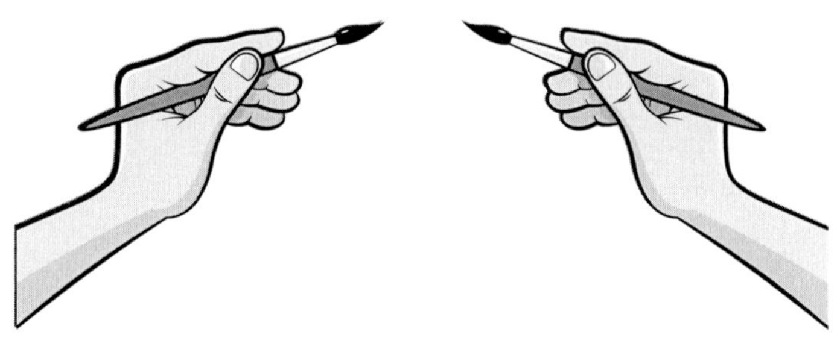

Konzentrationsübung

Die Zauberhände

- Für diese Konzentrationsübung benötigst du ein leeres Blatt Papier, 2 Buntstifte und Entspannungsmusik.
- Nimm einen Stift in die rechte und einen Stift in die linke Hand. Sobald die Entspannungsmusik eingeschaltet wird, sollst du nun mit beiden Händen gleichzeitig malen. Dabei wird mit beiden Händen das gleiche Motiv (oder eine andere gestellte Aufgabe) gemalt!

  Variation: Male mit geschlossenen Augen!

- Trenne die Wortschlange in sinnvolle Wörter! Schreibe die Wörter unten auf die Linien!

STOCKBOCKLÄUTENLEUTEKAFFEETEEMEERSTERNKERNNUNTUNKEN

____

____

____

____

KOHL VERLAG
DER INNOVATIVE LRS-TRAINER - Bestell-Nr. 10 742
Schnelle Soforthilfe für alle gestressten Lehrer und Eltern - Bestell-Nr. 10 742

8. Übungseinheit

Wahrnehmungsübung

C • Bearbeite die folgenden Arbeitsaufträge!

a) Streiche alle „r" durch!

j u r t g b r e w q r f c g r e t g z r r t

b) Zeichne in den dritten Kreis ein Viereck!

c) Schreibe den 13. Buchstaben des ABC in das Kästchen!

d) Hier darfst du malen, was du möchtest!

e) Was passt am besten zum Wort „Bach"?

Wolke – Säge – Wasser – Dose

f) Male über jedes „B" einen Pfeil nach rechts!

H G B R T E B T B U H B R W

g) Streiche das Kleinste durch!

Pferd – Haus – Blume – Lupe – Ameise

h) Erkläre den Begriff „Zeugnis"! ______________________________

____

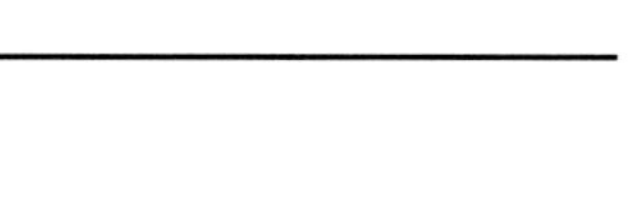

i) Mit welchem Buchstaben hört das Wort „Hund" auf?

Mit einem

14 8. Übungseinheit

Rechtschreibübung

Das merke ich mir: • Höre und spreche ich [schp] oder [scht], so schreibe ich immer St- / st- oder Sp / sp-.

D

- Unterstreiche alle Wörter, in denen du [schp] oder [scht] hören kannst!
- Markiere auch alle Wörter mit Textmarker, die ein sch enthalten! 

a) Die Königin war steinreich.

b) Die Piraten hatten den Schatz gestohlen.

c) Die Blume steht neben einer Steinmauer.

d) Die Katze umschmeichelte den steinalten Mann.

e) Er stand direkt in der ersten Reihe.

f) Er nahm einen großen Stecken und verscheuchte den bellenden Hund.

g) Das Kind schrie mit kräftiger Stimme.

h) Der Esel steht in einer großen Scheune.

i) Die Kinder verstecken sich hinter einem Pferdestall.

j) Gestern habe ich einen langen Spaziergang gemacht.

k) Das Pferd ist über ein großes Hindernis gesprungen.

l) Beim Spazierengehen stolperte ich und schlug mir das Knie auf.

m) Zum Angeln zog ich grüne Stiefel an.

n) Sie schrie mit schriller Stimme.

o) Die Kinder streiten um einen großen wunderschönen Luftballon.

14 8. Übungseinheit

E • Ordne alle markierten Wörter aus Aufgabe D in folgende Tabelle ein!

Wörter mit sp	Wörter mit sch	Wörter mit st

F • Finde die Fehler, streiche sie grün an und schreibe die Wörter unten in der richtigen Schreibweise auf!

streiten schpielen Trauer Fenster Schtiege

Schtiefel schtop schtolpern Wurst schpazieren

15 9. Übungseinheit

Konzentrationsübung

• Körperreise

Stell dir vor, du liegst auf einer grünen Wiese. Du hast deine Augen geschlossen und bist vollkommen ruhig geworden.
Plötzlich kommt ein kleines durchsichtiges, gläsernes Ufo auf dich zu und fragt dich, ob du eine Reise durch deinen eigenen Körper machen möchtest.
Der Pilot zaubert dich klitzeklein und du steigst in das Ufo ein. Aus dem Flugzeug siehst du dich nun auf der Wiese liegen. Sogleich geht die Reise los und ihr fliegt durch den Mund in den Hals, vorbei an den Zähnen, an den Mandeln, am Kehlkopf und direkt in den Magen. Im Magen kannst du das Kribbeln spüren. Von dort aus geht es kurvig hin und her. Du fühlst dich wie in einer Achterbahn. Ihr fliegt nämlich durch einen sehr, sehr langen Kanal – den Darm. Schließlich sucht ihr euch eine Blutbahn, über die ihr in deine Beine gelangt. In der Blutbahn kannst du durch das Fenster lauter kleine weiße und rote Blutkörperchen sehen. Immer wieder müsst ihr mit dem Ufo ausweichen, damit euch die Blutkörperchen nicht rammen. Endlich kommt ihr in den Beinen an. Ihr fliegt ganz hinunter bis zu deinen Zehen. Auch dort kribbelt es. Nun kannst du durch deine Zehennägel nach draußen sehen. Nachdem ihr in den Beinen alles angesehen habt, fliegt ihr zurück in Richtung Arme. Wieder fliegt ihr durch lauter weiße und rote Blutkörperchen zurück bis in deine Hände. Auch dort fliegt ihr bis in die Fingernägel. Nun geht es wieder zurück durch deinen Hals, den Kehlkopf, an den Mandeln und Zähnen vorbei durch den Mund nach draußen. Jetzt kannst du nochmals selber in Gedanken durch deinen Körper fliegen und überall dort hinfliegen, wohin du möchtest.

<u>Rücknahme</u>: Die Reise geht nun langsam zu Ende. Du ballst deine Hände zu Fäusten, reckst und streckst dich. Jetzt öffnest du langsam deine Augen.

Nun darf der „Reisende" kurz erzählen, wie es ihm während der Reise durch den eigenen Körper ging.

B

• Alle Wörter wurden rückwärts geschrieben. Wie heißen sie? Schreibe das Wort richtig auf die jeweilige Zeile!

a) netsakressaW ________________ b) netsamnofeleT ________________

c) ellafesuaM ________________ d) nexeH ________________

DER INNOVATIVE LRS-TRAINER
Schnelle Soforthilfe für alle gestressten Lehrer und Eltern – Bestell-Nr. 10 742

9. Übungseinheit

Wahrnehmungsübung

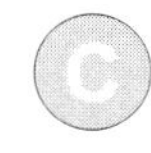 • Wie viele Dreiecke, Kugeln, Pfeile und Herzen siehst du? 

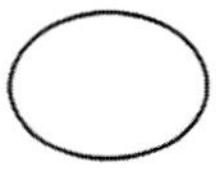

= ______ = ______

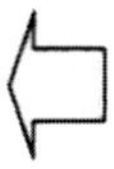

= ______ = ______

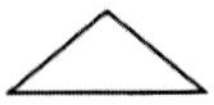

DER INNOVATIVE LRS-TRAINER
Schnelle Soforthilfe für alle gestressten Lehrer und Eltern – Bestell-Nr. 10 742
KOHL VERLAG

15 9. Übungseinheit

Rechtschreibübung

Qu- / qu-

Das merke ich mir: • Höre und spreche ich „kw", schreibe ich immer Qu- / qu-. Zum Qu- / qu- gehört immer das „u".

• Finde neun Wörter, in denen du „kw" hörst (Wörter mit Qu- / qu-). Unterstreiche alle Qu- / qu- grün!

Qualle

KOHL VERLAG DER INNOVATIVE LRS-TRAINER Schnelle Soforthilfe für alle gestressten Lehrer und Eltern – Bestell-Nr. 10 742

10. Übungseinheit

Konzentrationsübung

- Führe folgende Reihe fort! 

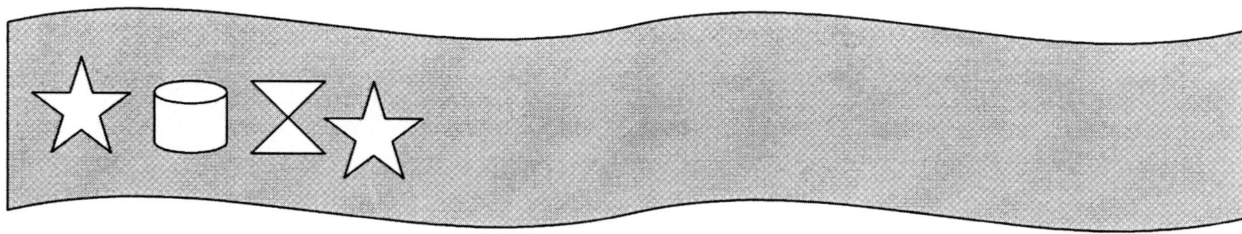

1a5q7b1

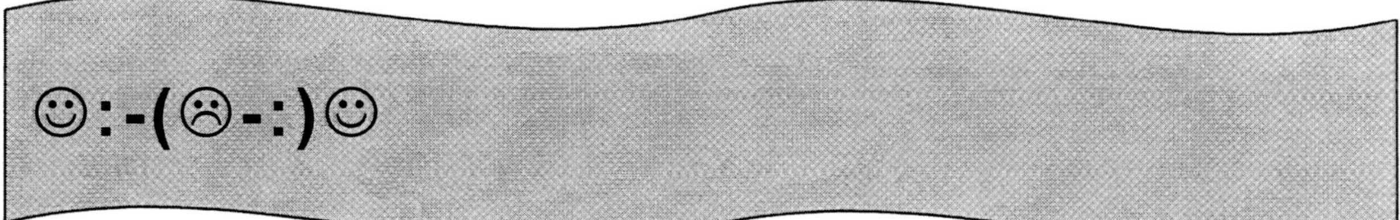

KOHL VERLAG
DER INNOVATIVE LRS-TRAINER
Schnelle Soforthilfe für alle gestressten Lehrer und Eltern – Bestell-Nr. 10 742

10. Übungseinheit

Wahrnehmungsübung

B • Kannst du folgende Wörter erkennen? Schreibe sie unten auf!

Affe Schule

Käfer

Blatt Rat

Schnecke

Name

Tasche

KOHL VERLAG DER INNOVATIVE LRS-TRAINER
Schnelle Soforthilfe für alle gestressten Lehrer und Eltern – Bestell-Nr. 10 742

10. Übungseinheit

Rechtschreibübung

das oder dass?

Das merke ich mir: • „Das" schreibe ich immer dann, wenn ich es mit dem Wort „dieses" oder „welches" ersetzen kann!

C • Setze „das" oder „dass" ein!

a) Glück und Glas, wie leicht bricht __________ .

b) Was Hänschen nicht lernt, __________ lernt Hans auch nicht mehr.

c) __________ Märchen, __________ du mir vorgelesen hast, war sehr schön.

d) Was du nicht willst, __________ man dir tut, __________ füge auch keinem anderen zu!

e) Er sieht, __________ die Tür geschlossen wird.

f) Wir wissen, __________ drei und drei sechs ergibt.

g) Ich glaube, __________ Wetter bleibt schön.

h) Wir denken, __________ wir morgen ins Kino gehen werden.

i) __________ Spiel war sehr schön.

j) Es war gut, __________ ich zu Hause geblieben bin.

k) __________ Mäuschen ist von nun an unser Geheimnis, __________ ich niemandem verraten werde.

l) Wir denken, __________ wir diesen Sommer in Urlaub fahren werden.

m) Ich denke, __________ unser Lehrer morgen einen Test schreiben lassen wird.

n) Hoffentlich vergisst er nicht, __________ morgen Samstag ist!

o) Hast du __________ gesehen?!?

KOHL VERLAG Lernen mit Erfolg
DER INNOVATIVE LRS-TRAINER
Schnelle Soforthilfe für alle gestressten Lehrer und Eltern – Bestell-Nr. 10 742

10. Übungseinheit

D

• Finde selbst zwei Sätze mit „das". Ersetze anschließend das Wörtchen „das" durch „dieses" oder „welches"!

Beispiel: Das Haus gefällt mir gut. – Dieses Haus gefällt mir gut.

• ______________________________

____

• ______________________________

____

• ______________________________

____

• ______________________________

____

E

• Finde vier Sätze mit „dass"!

• ______________________________

____

• ______________________________

____

• ______________________________

____

• ______________________________

____

KOHL VERLAG DER INNOVATIVE LRS-TRAINER Schnelle Soforthilfe für alle gestressten Lehrer und Eltern – Bestell-Nr. 10 742

17 11. Übungseinheit

Konzentrationsübung

• Verbinde die folgenden Begriffe zu sinnvollen zusammengesetzten Substantiven (Nomen)! Schreibe sie unten auf!

Termin

Gruß

bügel

Tage

Haus

Sonnen

schale

kalender

karte

buch

Eisen

Obst

schuhe

finsternis

17 11. Übungseinheit

Wahrnehmungsübung

• Führe die folgenden Arbeitsaufträge durch!

a) Schreibe das Wort „Blume" oben rechts in die Ecke!
b) Schreibe die Zahl 3 in die Mitte.
c) Verteile gleichmäßig zehn schwarze Punkte.
d) Male einen Fisch unten links in die Ecke.
e) Zeichne drei rote Herzen – klein, größer, ganz groß.
f) Male oben, in der Mitte, ein Kleeblatt.
g) Schreibe oben links deinen Namen.

KOHL VERLAG DER INNOVATIVE LRS-TRAINER Schnelle Soforthilfe für alle gestressten Lehrer und Eltern – Bestell-Nr. 10 742

11. Übungseinheit

Rechtschreibübung

Vorsilben: vor-, vorder-, voll-, ver-

Das merke ich mir: • Die Vorsilben ver-, voll-, vor- und vorder- werden immer mit „V-/v-" geschrieben!

C • Finde je zehn Wörter zu jeder Vorsilbe!

Vor-/vor- ⇨ ____________________

____

Voll-/voll- ⇨ ____________________

____

Vorder-/vorder- ⇨ ____________________

____

Ver-/ver- ⇨ ____________________

____

D • Bilde zu jeder Vorsilbe aus Aufgabe C einen sinnvollen Satz!

____

____

____

____

KOHL VERLAG DER INNOVATIVE LRS-TRAINER Schnelle Soforthilfe für alle gestressten Lehrer und Eltern – Bestell-Nr. 10 742

11. Übungseinheit

- F/f oder V/v? Setze richtig ein!

a) Die Kinder ___erlie___en sich gestern im Wald.

b) Peter ist mein ___reund.

c) Be___or ich gehe, muss ich noch den ___ernseher ausmachen.

d) Tina ist in den See ge___allen.

e) Mein Mathematikbuch habe ich aus ___ersehen ___ergessen.

f) Wie ___ iel ist drei mal drei?

g) Die Taube ___iel ___om Dach und ___erletzte sich den ___lügel.

h) Meinen ___uß habe ich mir gestern ___erletzt.

i) Der Bleisti___t ist mir___ ersehentlich abgebrochen.

j) Das ___eld wird ___om Bauern beackert.

k) Ich gehe sehr häu___ig ins Kino und schaue mir Zeichentrick___ilme an.

l) Gestern habe ich einen ___uchsbau gesehen.

m) Das ___ erkehrsschild habe ich total übersehen.

n) Ich hätte ___or___ahrt gehabt!

o) Gestern habe ich einen großen ___isch ge ___angen.

p) Ich bin im ___ußball___erein.

q) Der ___ortrag hat mir sehr gut ge___allen.

r) Der ___ ulkan kann jederzeit ausbrechen.

s) Weil ich mich ___erletzt habe, brauche ich einen ___erband.

t) In den Sommer___erien werden wir ___erreisen.

u) Morgen ist ___ollmond.

p) Die ___orsilben ___er-, ___ oll-, ___order- und ___or- werden immer mit ___ geschrieben!

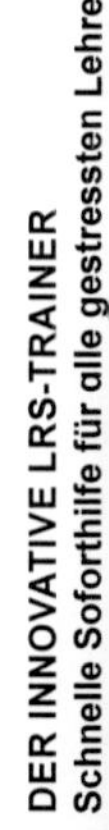

12. Übungseinheit

Konzentrationsübung

- In diesem Suchrätsel sind die Wörter senkrecht, waagrecht, diagonal, vorwärts oder rückwärts versteckt. Finde sie!
- Schreibe die Wörter anschließend nach dem ABC geordnet unten auf!

Gorilla, Wolf, Katze, Fisch, Giraffe, Aal, Hund, Maus, Fuchs, Vogel

V	A	K	O	A	M	H	C	S	I	F	Z
Z	O	W	V	I	Z	X	C	H	C	G	I
O	V	G	O	M	V	K	E	Z	T	A	K
A	B	Y	E	Z	W	F	P	Z	Y	W	A
L	F	X	K	L	O	S	H	C	D	E	F
L	L	Z	I	I	U	M	W	A	A	L	C
I	O	K	L	A	L	O	N	U	V	Z	H
R	W	O	M	O	L	S	S	H	C	U	F
O	G	M	P	P	K	I	M	Z	X	Y	S
G	I	R	A	F	F	E	P	H	X	U	T
O	T	P	N	O	K	I	W	P	K	H	A
L	T	W	D	N	U	H	A	E	M	T	D

DER INNOVATIVE LRS-TRAINER
Schnelle Soforthilfe für alle gestressten Lehrer und Eltern – Bestell-Nr. 10 742

12. Übungseinheit

Wahrnehmungsübung

B • Male an: q = blau; d = grün; p = gelb; b = rot

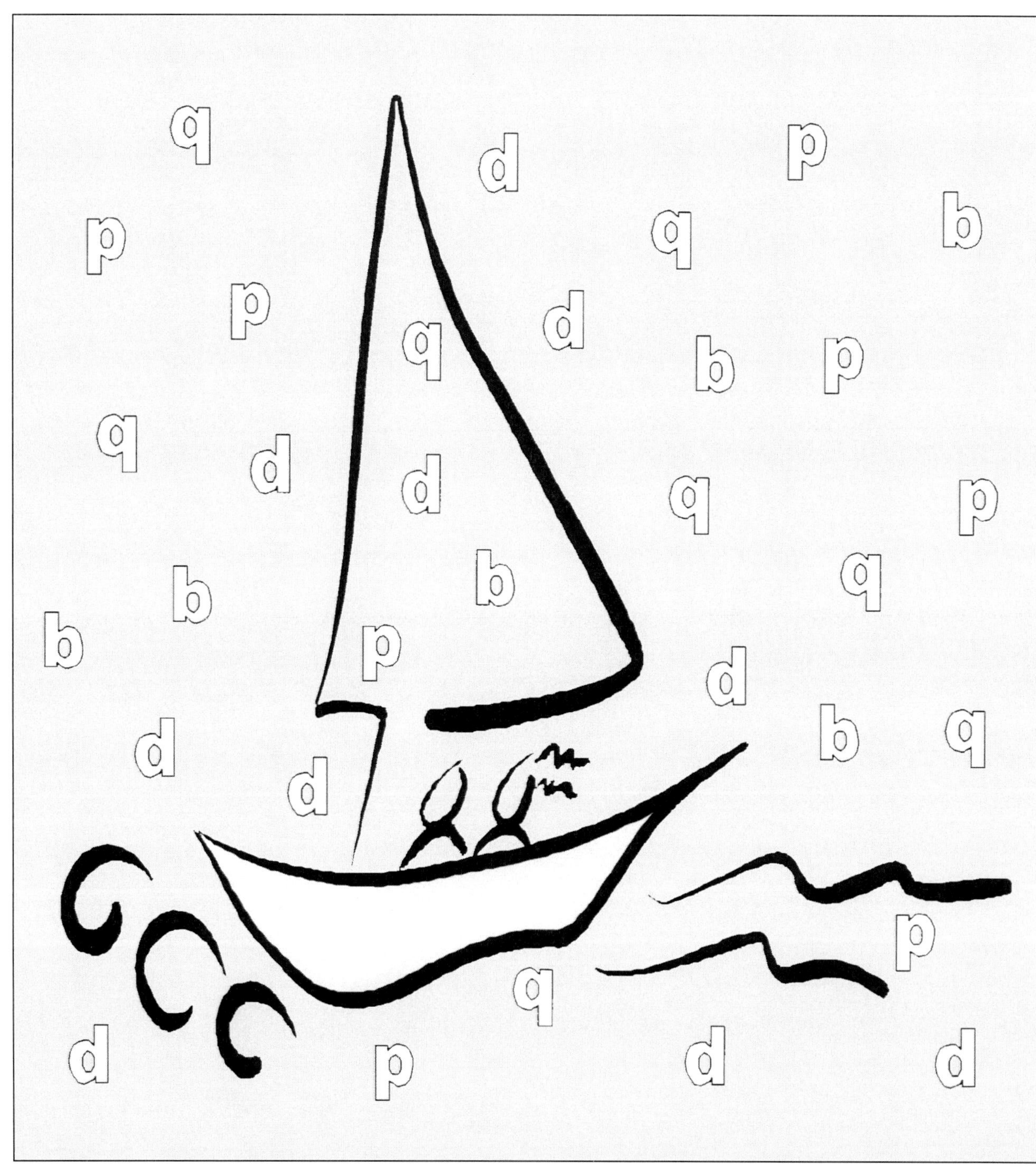

DER INNOVATIVE LRS-TRAINER
Schnelle Soforthilfe für alle gestressten Lehrer und Eltern – Bestell-Nr. 10 742
KOHL VERLAG

18 12. Übungseinheit

Rechtschreibübung

e oder ä / eu oder äu
ä oder e / äu oder eu

Das merke ich mir:

- Im Wort schreiben wir nur dann ein „ä", wenn wir es von Worten mit „a" (Wortfamilie) ableiten können.
- Im Wort schreiben wir nur dann ein „äu", wenn wir es von Worten mit „au" (Wortfamilie) ableiten können.

C • Schreibe daneben, von welchem Wort du ableiten kannst!

a) täglich ⇨ ____________
b) wärmer ⇨ ____________
c) Häuser ⇨ ____________
d) Gärten ⇨ ____________
e) länger ⇨ ____________
f) Gäste ⇨ ____________
g) Plätze ⇨ ____________
h) hält ⇨ ____________
i) gefällt ⇨ ____________
j) Äste ⇨ ____________
k) Gelächter ⇨ ____________
l) Sätze ⇨ ____________

m) Blätter ⇨ ____________
n) färben ⇨ ____________
o) Härte ⇨ ____________
p) Verkäufer ⇨ ____________
q) Kaufläden ⇨ ____________
r) Kätzchen ⇨ ____________
s) häuslich ⇨ ____________
t) Häufchen ⇨ ____________
u) Geräusch ⇨ ____________
v) Bänder ⇨ ____________
w) Gänsefuß ⇨ ____________
x) drängeln ⇨ ____________

KOHL VERLAG
DER INNOVATIVE LRS-TRAINER
Schnelle Soforthilfe für alle gestressten Lehrer und Eltern – Bestell-Nr. 10 742

18 12. Übungseinheit

D • Setze ein: e, ä, eu, äu!

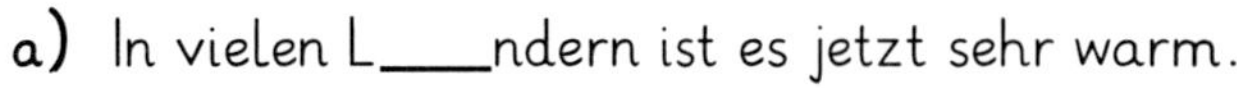

a) In vielen L___ndern ist es jetzt sehr warm.

b) Die Wasserk___sten sind sehr schw___r.

c) Der Bus h___lt an der Ecke.

d) Beim Einkaufen mag ich kein Gedr___nge.

e) Ich mag nicht mehr l___nger warten.

f) Sie ___hnelt ihrer Schwester.

g) Die M___nschen sind sehr nett gewesen.

h) Die Jacke ist sehr h___sslich.

i) Ich w___rde mich r___chen.

j) Zum Heu machen brauche ich einen R___chen.

k) J___tzt lasse ich den Hund in Ruhe.

l) Vorsicht, damit die Blumen nicht abbr___chen.

m) Ich bin noch ganz schl___frig.

E • Erweitere alle Substantive (Nomen) durch die Endsilben „-chen" oder „-lein" (Verkleinerungsform)!

a) Schaf ___________

b) Rad ___________

c) Tafel ___________

d) Wald ___________

e) Bauch ___________

f) Lamm ___________

g) Garten ___________

h) Kalb ___________

i) Faden ___________

j) Kampf ___________

k) Stall ___________

l) Maus ___________

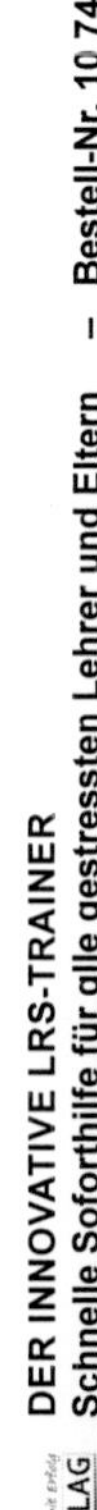

KOHL VERLAG DER INNOVATIVE LRS-TRAINER Schnelle Soforthilfe für alle gestressten Lehrer und Eltern – Bestell-Nr. 10 742

19 13. Übungseinheit

Konzentrationsübung

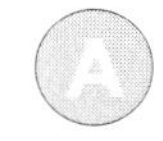

• Welches Wort passt nicht? Streiche es durch! 

a)	Hund	Papagei	Auto	Katze	Pferd
b)	Garage	Schleifpapier	Nägel	Hammer	Schraubenzieher
c)	Wasser	Himmel	Fische	Wellen	Bach

• Suche für die folgenden Wörter einen Sammelbegriff!

a) Auto – Zug – Bus – Fahrrad – Motorrad – Dreirad

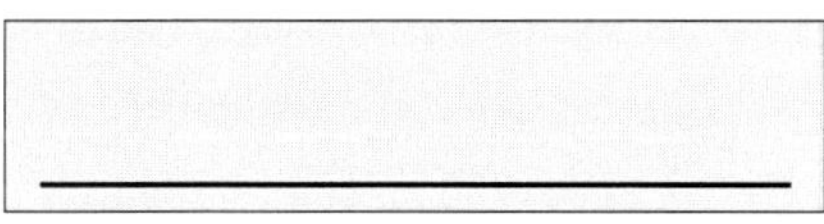

b) Ketten – Armbänder – Ringe – Uhren

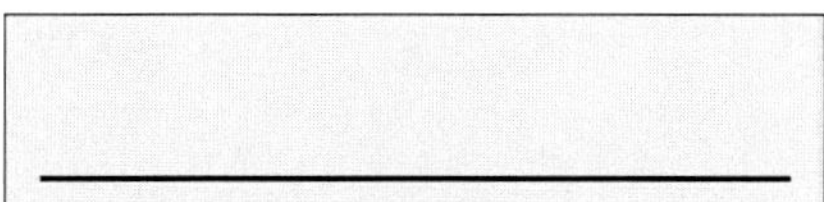

c) Katze – Maus – Tiger – Hund – Kuh – Elefant

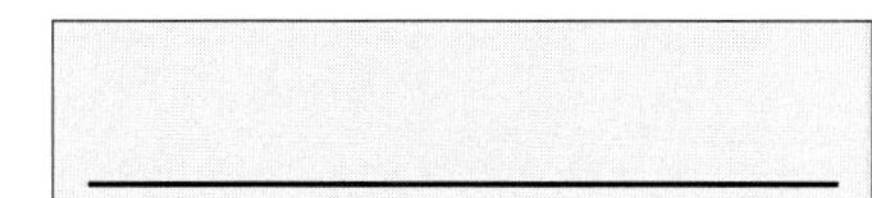

13. Übungseinheit

Konzentrationsübung

• Trage die folgenden Wörter in die richtigen Kästchen ein! 

Witz – Schule – Hummel – Wahnsinn – Fuchs – Vogel – Kasten – Biene – Wasser – Sand – Zug – Jagdhund

a) 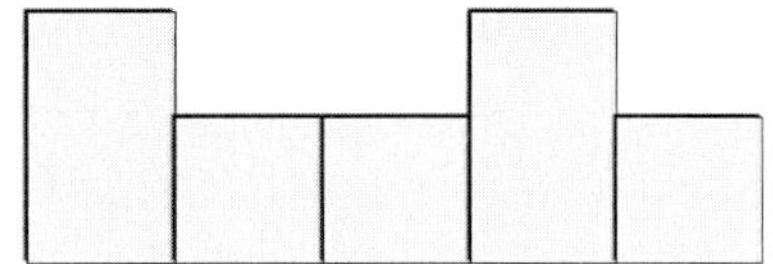

b) 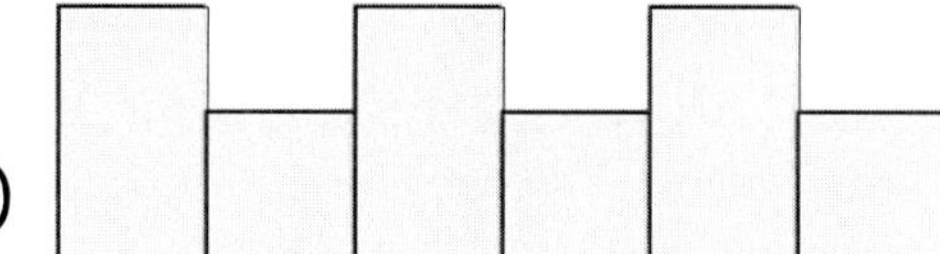

c) 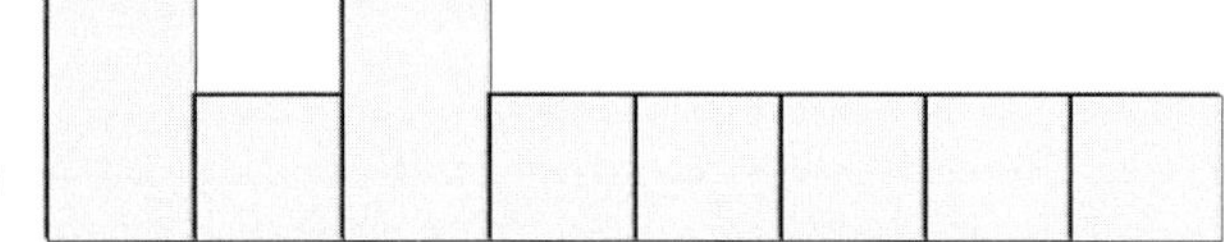

d) 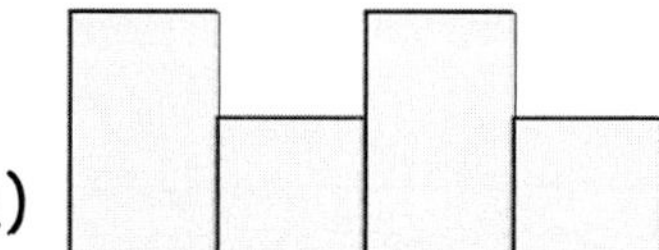

e) 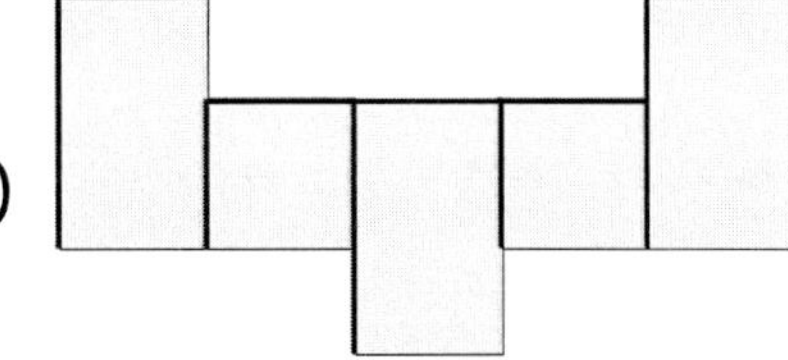

f) 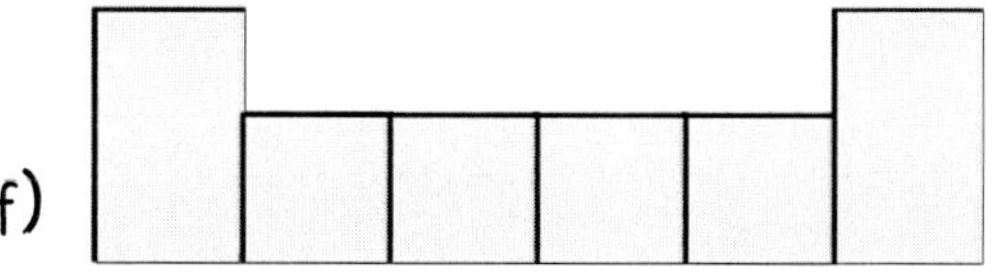

g) 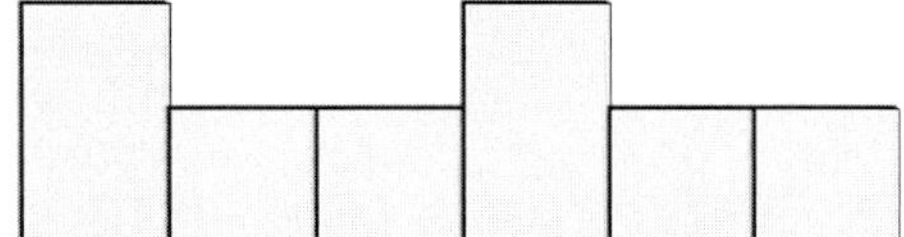

h) 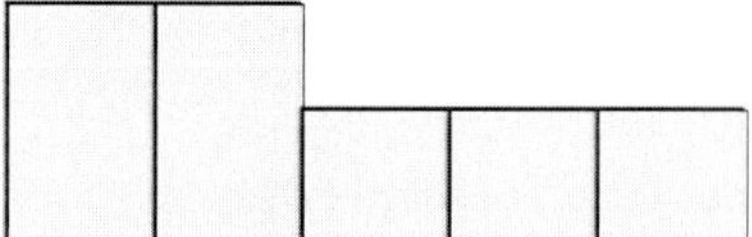

i) 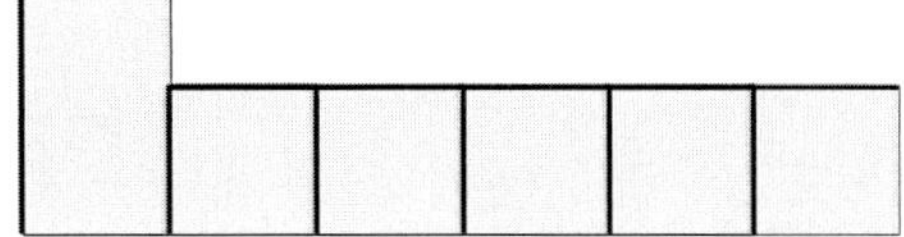

j) 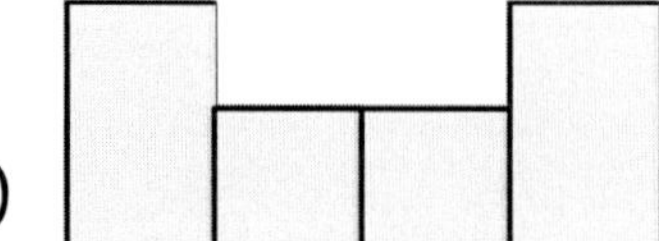

k) 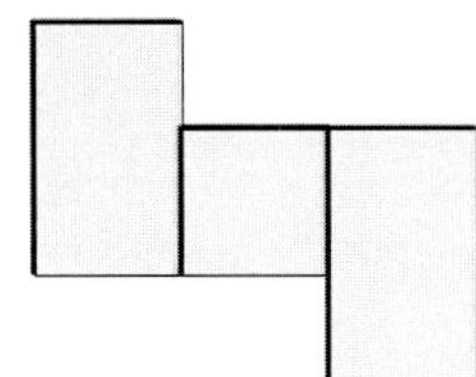

l) 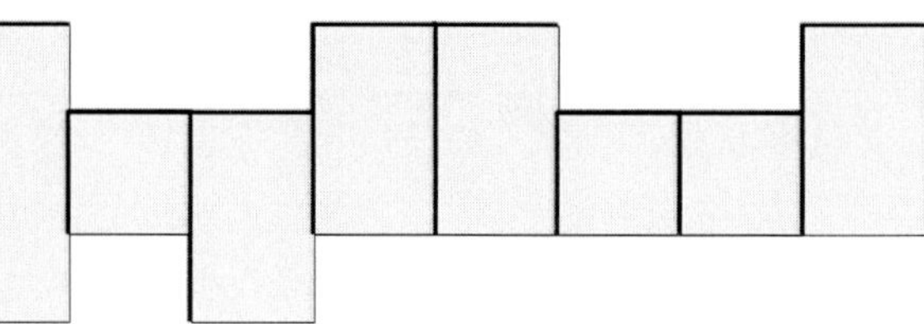

DER INNOVATIVE LRS-TRAINER
Schnelle Soforthilfe für alle gestressten Lehrer und Eltern – Bestell-Nr. 10 742
KOHL VERLAG

19 # 13. Übungseinheit

Rechtschreibübung

ein paar / ein Paar

Das merke ich mir:
- Ich schreibe „ein paar", wenn es sich um mehrere Dinge handelt.
- Ich schreibe „ein Paar", wenn es sich um zwei zusammengehörende Dinge handelt.

D • Setze richtig ein!

a) Ein ________ Skier haben.

b) Ein ________ Buntstifte haben.

c) Ein ________ Freunde einladen.

d) Ein ________ Äpfel pflücken.

e) Ein ________ Kekse essen.

f) Ein ________ Zeitungen kaufen.

g) Ein ________ Schuhe kaufen.

h) Ein ________ Blätter beschriften.

i) Ein ________ Handschuhe anziehen.

j) Ein ________ Besorgungen machen.

k) Ein ________ Socken flicken.

DER INNOVATIVE LRS-TRAINER
Schnelle Soforthilfe für alle gestressten Lehrer und Eltern – Bestell-Nr. 10 742
KOHL VERLAG

20 Teste dein Wissen!

Groß oder klein?

Die Vögel <u>FRESSEN</u> Körner.

____

Einsetzübung: Sch/sch oder S/s?

_____tolz

_____tumm

_____tein

Wie viele Silben hat das Wort? Kreise ein!

Tigerkäfig

3 - 4 - 2 - 1

An welchen Endungen kannst du erkennen, ob ein Wort groß geschrieben wird?

____

____

Wie wird das Wort geschrieben? Mit oder ohne h? Setze ein!

schwe____r, ro____t, ge____t,
Schwa____n, Spa____lte, spü____len,
gri____llen, Pfe____rd, to____nen

Paar oder paar?

Ein __________ Hausschuhe.

Ein __________ Socken.

Ein __________ Bonbons.

Erinnerst du dich an die Regel?

Kein Silbenbogen ohne

___________________________.

Wie werden diese Buchstaben genannt?

A, O, U

____

Was fehlt: e oder ä? Setze ein!

w_____rfen

h_____sslich

Einsetzübung: s – ss – ß

bei_____en	le_____en
Kä_____e	Stra_____en
la_____en	Mäu_____e
spa_____en	gege_____en

k oder ck? Setze ein!

pi_____en

mel_____en

par_____en

V/v oder F/f. Fülle aus!

_____ier, _____or, _____rieren,
_____erbrennen, _____orne,
_____olllaufen, _____enster

KOHL VERLAG – DER INNOVATIVE LRS-TRAINER Schnelle Soforthilfe für alle gestressten Lehrer und Eltern – Bestell-Nr. 10 742

20 Teste dein Wissen!

i oder –ie? Fülle die Lücken aus!

verl_____ren, B_____lder, W_____se,

B_____bel, B_____ss, d_____nen

Schreibe das ABC auf:

____

____

____

Wie lautet die Regel für –ß?

____

____

____

Streiche falsche Wörter durch!

Kwark, quieken, Kwatsch,

Kwadrat, quietschen, Quatsch,

Quelle, kwetschen, quer

Steigere folgende Wörter einmal!

rund – ____________

krank – ____________

alt – ____________

oft – ____________

p oder b?

Ta_____ete, Am_____el, Fa_____rik,

hu_____en, hum_____eln, lie_____,

schrie_____, Trie_____, gi_____t

Finde vier „gedachte" Substantive!

____

____

Wie nennt man diese Buchstaben?

Ä – ö – ü

____

D/d oder T/t?

bun_____ Hu_____

Bar_____ Boo_____

Wie nennt man diese Buchstaben?

p – q – t

____

KOHL VERLAG
DER INNOVATIVE LRS-TRAINER
Schnelle Soforthilfe für alle gestressten Lehrer und Eltern – Bestell-Nr. 10 742

21 Die Lösungen

Silbenübung:

A eine Silbe: Frosch, Hund, Stern, Stoff, Stein, Stift
zwei Silben: Apfel, Kiste, Himmel, Name, Blume, Würfel, Ärmel, Eisbär, Feuer, Stempel
drei Silben: Kassette, Banane, Teebeutel, Maschine

C a) ungefährlich; b) Autobahnfahrt; c) Computertisch; d) Badewanne; e) Hundefutter; f) Silbenübung; g) Pferdekutsche; h) Automechaniker

D a) Auto; b) Blume; c) Mäuse; d) Zeitung; e) Hochhaus

E a) Elternabend; b) Tonne; c) Zebra; d) Zeugnis; e) Eichhörnchen; f) Schulbus; g) Garage; h) Mathematikbuch

1. Übungseinheit:

A B = 6; b = 20; P = 4; p = 20

B a) E; b) Q; c) V; d) X; e) J

C T, B, A, K, C, U, Z, R

E a) Maus / mausgrau; b) Haus / haushoch; c) Butter / butterweich; d) Wiesel / wieselflink; e) Blitz / blitzschnell; f) Messer / messerscharf

F a) singen – Sänger; b) herrschen – Herrschaft; c) trauern – Trauer; d) erleben – Erlebnis; e) begegnen – Begegnung; f) erlauben – Erlaubnis; g) bestatten – Bestattung; h) räumen – Räumung; i) ordnen – Ordnung; j) bewegen – Bewegung

G Freude, Angst, Trauer, Ärger, Liebe, Leiden, Glück, Lust

H **-ung:** Begegnung, Begabung, Beglaubigung, Entschuldigung, Erledigung, Speisung, Bewegung, Liebkosung, Trauung, Verlobung, Eheschließung

-heit: Gesundheit, Betrunkenheit, Eigenheit, Zufriedenheit, Konzentriertheit, Übungseinheit, Bosheit, Dummheit, Feigheit, Freiheit

-keit: Lustlosigkeit, Traurigkeit, Heiterkeit, Bewegungslosigkeit, Übelkeit, Sauberkeit, Zwecklosigkeit, Strebsamkeit, Arbeitslosigkeit, Aufmerksamkeit

-nis: Erlaubnis, Zeugnis, Erlebnis, Ärgernis, Kenntnis, Ereignis, Verhängnis, Ergebnis, Bedrängnis, Gedächtnis

-tum: Altertum, Eigentum, Reichtum, Brauchtum, Besitztum, Heiligtum, Christentum, Fürstentum

-schaft: Bereitschaft, Verwandtschaft, Wanderschaft, Hilfsbereitschaft, Meisterschaft, Bekanntschaft, Eigenschaft, Leidenschaft, Landschaft, Freundschaft

2. Übungseinheit:

A a) Kummer, Hummer, Brummer, Summer; b) Birke, Schurke, Gurke, Türke
c) Ufer, Säufer, Käufer, Läufer; d) Los, Moos, bewegungslos, einfallslos
e) Leidenschaft, Bereitschaft, Eigenschaft, Meisterschaft;
f) Kutter, Butter, Wetter, bitter; g) Oase, Ferse, Vase, Hase
h) Erlaubnis, Ärgernis, Ergebnis, Gefängnis

C 1.) Wahnsinn; 2.) Esel; 3.) Löwe; 4.) Kamin; 5.) Liebe; 6.) Regen; 7.) Wohnung; 8.) Wolle; 9.) Bühne; 10.) natürlich; 11.) fröhlich; 12.) Gemüse; 13.) Quelle; 14.) Vogel; 15.) zehn; 16.) Spalte; 17.) fehlen; 18.) Zähne; 19.) Spülmaschine; 20.) Rahmen; 21.) gemütlich; 22.) Lüftung; 23.) König; 24.) Wolke; 25.) Kalender; 26.) führen; 27.) Bluse; 28.) Telefon; 29.) Honig; 30.) Kohle; 31.) Kleiderbügel; 32.) schwer; 33.) Lehrer

D a) versteht; b) früher; c) ihr; d) scheint; e) frühzeitig; f) Bahnhof, viele; g) wenige; h) Mädchen, fürchtete, Abend; i) diese, abschlagen; j) Honig, wahnsinnig, gut; k) Kran, See, zu; l) schien, Bläschen, übersät

E **Kr-:** Kran, krank, Krebs, kriechen, Kreide
Qu-: Quelle, Qualle, quelle, quasseln, Quark
T-: Ton, tonen, Torte, Teig, Tinte
Sch-: Schein, Schal, schlank, Schild, schön
Sp-: Spalte, spalten, Spinat, Spinne, Spule

3. Übungseinheit:

B Es sind 21 Mitlaute.

C a) Löffel; b) Lehrer; c) Tafel; d) Hose; e) Tasche; f) Auto; g) Kind; h) Torte; i) Blatt; j) Foto; k) Geld; l) Lineal; m) Schule; n) Knopf; o) Baby; p) Deutsch; q) Blume; r) Schule

21 Die Lösungen

3. Übungseinheit:

D Der Buchstabe „q“ kommt 19 mal vor, der Buchstabe „p“ ist 17 mal vorhanden.

E Obst, Pferd, Gegend, Pfand, Seide, Hund, Heimat, blind, Arbeit, Stand, Schild, hat, Wunde, Note, Samt, Haupt, Hand, Knecht, Luft, Latein, Glied, Herd, Ente, Kind, Dose, Feind, Feld, notwendig, entgültig, ständig, Gewicht, Augenlid, Tasche, Degen, Jugend, Macht, Atom, bekannt, Anforderung

F a) der Berg; b) weg; c) stark; d) der Kalk; e) klug; f) der Honig; g) karg; h) der Weg; i) arg

G a) Gelb; b) Taube; c) April, Geburtstag; d) Gips; e) Staubsauger; f) Dieb; g) Box; h) Albtraum; i) Weintrauben; j) Raupe; k) Lampe; l) Tapete

H <u>Blau</u>: Gestern, Berghütte, Vorgenommen, Glockenturm, Kirchturmglocke, Weg, hügelig, Jungen, Insgesamt, benötigten, Wanderung, ungefähr, Glocken, gut, gefallen, Glück, genau, Glockenschläge, ganz, genau, Jungen, gegessen, Rückweg, Weg, Tiergeräusche, gehört, Berghütte, gewesen, Honig, angekommen, Glas, Honig
<u>Gelb</u>: Lukas, kleine, Glockenturm, klettern, Kirchturmglocke, Glocken, Glück, kamen, konnten, Glockenschläge, Rückweg, kurz, Bienenvolk, Lukas, angekommen

Obst, Pferd, Gegend, Pfand, Seide, Hund, Heimat, blind, Arbeit, Stand, Schild, hat, Wunde, Note, Samt, Haupt, Hand, Knecht, Luft, Latein, Glied, Herd, Ente, Kind, Dose, Feind, Feld, notwendig, entgültig, ständig, Gewicht, Augenlid, Tasche, Degen, Jugend, Macht, Atom, bekannt, Anforderung

4. Übungseinheit:

C MATT, SATTE, WATTE, BUNTER, MOOSE, TASSEN, LOSE, BUNTER, FASSEN

D Schnecke, schicken, packen, Zacken, Scheck, Sack, Ecke

E a) Schreck; b) aufgeweckt; c) Trick; d) gespickt; e) Rücken; f) Schokoladenkuchen, backen; g) Paket, geschickt; h) Anorak, Garderobenhaken

5. Übungseinheit:

B Q = 14; W = 13; R = 11; Z = 9; Ö = 7; K = 5; G = 3; A = 1; F = 2; J = 4; L = 6; P = 8; T = 10; E = 12

C Pass, Riss, Kissen, Fluss, Essen, messen, Wasser, Kasten, Rassen, lassen, Kiste

D a) er streicht; b) er reist; c) er bläst; d) er grüßt; e) er presst; f) er büßt; g) er saust; h) er rast; i) er hasst; j) er lässt

E a) die Schlösser; b) die Risse; c) die Kissen; d) die Bisse; e) die Kisten; f) die Flüsse

F a) Im Schloss; b) Rüssel; c) Flossen; d) Einen Pass; e) Hass; f) Gasse

6. Übungseinheit:

C Fuß, gießen, Fußball, Straße, außen, Spaß, fließen, Fleiß, beißen

D a) lasst; b) lies; c) reist; d) fasst; e) Iss; f) Schließlich; g) bis; h) fließt; i) Stoß

E Fußball, Kuss, Kiste, Lust, Nüsse, schießen, List, Los, Vorsicht, Kissen, heiß, schließen Biss, müssen, spaßen, beißen, Schlösser, Schlüssel

F Gestern bin ich erst etwas später nach Hause gekommen. Nach dem Abendessen habe ich mir gemeinsam mit meinem Vater ein Fußballspiel im Fernsehen angesehen. Das Spiel war sehr interessant und lustig zugleich. Wir hatten ziemlich viel Spaß zusammen. Anschließend spielten wir noch ein bisschen Karten. Das Spiel hieß „Geologen“. Mein Vater hat sehr gut gespielt und meistens gewonnen.

7. Übungseinheit:

A Siehe Bild rechts:

B Es sind 21 Pakete.

C a) Demokratie;
b) Prinzessin;
c) Garantie;
d) verdienen;
e) originell;
f) Zimmer;
g) fliehen;
h) ihr; i) gießen; j) winseln; k) differenzieren; l) schießen; m) Riegel; n) bitten;
o) Wirklichkeit; p) abstimmen; q) Tierpark; r) fliegen

DER INNOVATIVE LRS-TRAINER
Schnelle Soforthilfe für alle gestressten Lehrer und Eltern – Bestell-Nr. 10 742
KOHL VERLAG

21 Die Lösungen

7. Übungseinheit:

D a) siegt; b) siebt; c) wiegt; d) piept; e) fliegt

E Beispiele:
- Ich schreibe einen Brief.
- Die Kinder spielen Karten.
- Die Mutter hat viele Äpfel.
- Die Kinder liegen auf einer Decke.
- Das Kind fiel in den See.
- Mann und Frau verlieben sich.

F a) siegen; b) kriegen; c) wiegen; d) lieben; e) spielen; f) liegen; g) beginnen; h) vermiesen; i) fliegen; j) miefen

8. Übungseinheit:

B Stock, Bock, Läuten, Leute, Kaffee, Tee, Meer, Stern, Kern, nun, tunken

C c) 13. Buchstabe des ABC = M/m; e) Wasser; g) Ameise; h) Ein Dokument, dass die Notenbeurteilung eines Schuljahres wiedergibt.

D a) steinreich; b) gestohlen; c) steht, Steinmauer; d) steinalten; e) stand; f) Stecken; g) Stimme; h) steht; i) verstecken, Pferdestall; j) Spaziergang; k) gesprungen; l) Spazieren gehen, stolperte; m) Stiefel; n) Stimme; o) streiten

E **Wörter mit sp:** Spaziergang, gesprungen, Spazieren gehen
Wörter mit sch: Schatz, umschmeichelte, verscheuchte, schrie, Scheune, schlug, schrie, schriller, wunderschönen
Wörter mit st: steinreich, gestohlen, steht, Steinmauer, steinalten, stand, Stecken, Stimme, steht, verstecken, Pferdestall, Gestern, stolperte, Stiefel, Stimme, streiten

F ~~schpielen~~ – spielen; ~~Schtiege~~ – Stiege; ~~Schtiefel~~ – Stiefel; ~~schtop~~ – stop; ~~schtolpern~~ – stolpern

9. Übungseinheit:

B a) Wasserkasten; b) Telefonmasten; c) Mausefalle; d) Hexen

C 19 Herzen, 15 Dreiecke, 6 Kreise, 17 kleine Pfeile und 5 große Pfeile

D Qualle, Quelle, Quark, Quadrat, quer, Querkopf, Querschnitt, überqueren, quietschen, Quersumme

10. Übungseinheit:

B Affe, Schule, Käfer, Blatt, Rat, Schnecke, Name, Tasche

C a) das; b) das; c) Das, das; d) das, das; e) dass; f) dass; g) das; h) dass; i) Das; j) dass; k) Das, das; l) dass; m) dass; n) dass; o) das

D Beispielsätze: Sage mir, dass du es ehrlich mit mir meinst. Dass du es mir ja wieder zurückgibst! Ich denke, dass meine Oma morgen kommt. Ich glaube, dass es morgen regnen wird.

11. Übungseinheit:

A Grußkarte, Terminkalender, Hausschuhe, Tagebuch, Sonnenfinsternis, Bügeleisen, Obstschale

C **Vor-/vor-:** vorziehen, vorbeigehen, vorbeugen, voran, Vorhang, vorbestraft, voraus, Vorabend, vorbei, vorbeikommen
Voll-/voll-: Vollkommenheit, Vollzug, vollwertig, vollziehbar, vollzählig, vollstrecken, vollkommen, vollbringen, Volldampf, Vollbart
vorder-: Vorderrad, Vorderhand, Vorderlauf, Vorderpfote, Vorderteil, Vordertür, vordergründig, vorbringen, vorbildlich, vorbeten
Ver-/ver-: verschmutzen, verbrauchen, verlaufen, verzeihen, verschulden, verschütten, verschönern, verschossen, verschollen, verdienen

D variabel

E a) verliefen; b) Freund; c) Bevor, Fernseher; d) gefallen; e) Versehen, vergessen; f) viel; g) fiel, vom, verletzte, Flügel; h) Fuß, verletzt; i) Bleistift, versehentlich; j) Feld, vom; k) häufig, Zeichentrickfilme; l) Fuchsbau; m) Verkehrsschild; n) Vorfahrt; o) Fisch, gefangen; p) Fußballverein; q) Vortrag, gefallen; r) Vulkan; s) verletzt, Verband; t) Sommerferien, verreisen; u) Vollmond; v) Die Vorsilben, ver-, voll-, vorder- und vor- werden immer mit v geschrieben!

21 Die Lösungen

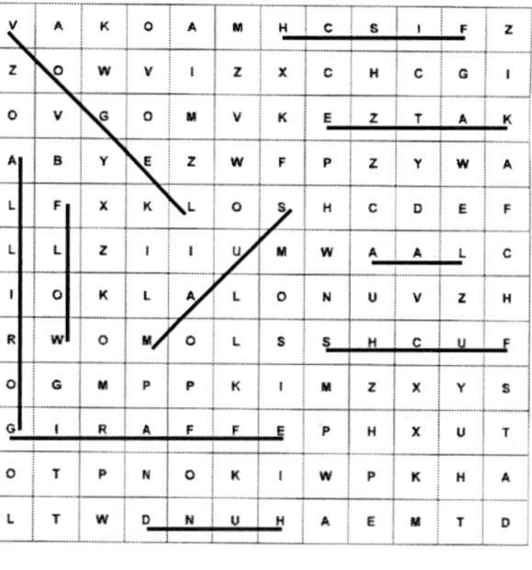

12. Übungseinheit:

A Aal, Fisch, Fuchs, Giraffe, Gorilla, Hund, Katze, Maus, Vogel, Wolf

C a) Tag; b) warm (Wärme); c) Haus; d) Garten; e) lang (Länge); f) Gast; g) Platz; h) halten (Halt); i) gefallen; j) Ast; k) lachen; l) Satz; m) Blatt; n) Farbe; o) hart; p) verkaufen; q) laden; r) Katze; s) Haus; t) Haufen; u) rauschen; v) Band; w) Gans; x) Drang

D 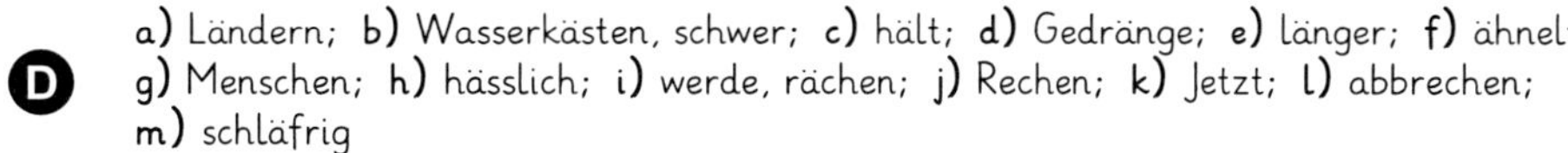
a) Ländern; b) Wasserkästen, schwer; c) hält; d) Gedränge; e) länger; f) ähnelt; g) Menschen; h) hässlich; i) werde, rächen; j) Rechen; k) Jetzt; l) abbrechen; m) schläfrig

E a) Schäfchen; b) Rädchen; c) Täfelchen; d) Wäldchen; e) Bäuchlein; f) Lämmchen; g) Gärtchen; h) Kälblein; i) Fädchen; j) Kämpfchen; k) Ställchen; l) Mäuschen

13. Übungseinheit:

A a) Auto; b) Garage c) Himmel

B a) Fahrzeuge; b) Schmuck; c) Tiere

C a) Fuchs; b) Schule; c) Wahnsinn; d) Witz; e) Vogel; f) Hummel; g) Kasten; h) Biene; i) Wasser; j) Sand; k) Zug; l) Jagdhund

D a) Paar; b) paar; c) paar; d) paar; e) paar; f) paar; g) Paar; h) paar; i) Paar; j) paar; k) Paar

Teste dein Wissen:

Von oben nach unten, von links nach rechts:
- fressen
- 4
- schwer, rot, geht, Schwan, Spalte, spülen, grillen, Pferd, tonen
- Selbstlaut
- werfen, hässlich
- picken, melken, parken
- stolz, stumm, Stein
- An den Endungen -ung, -heit, -keit, -nis, -schaft, -tum, -er/in.
- Ein Paar Hausschuhe. Ein Paar Socken. Ein paar Bonbons.
- Selbstlaute
- beißen, Käse, lassen, spaßen, lesen, Straßen, Mäuse, gegessen
- vier, vor, frieren, verbrennen, vorne, volllaufen, Fenster
- verlieren, Bilder, Wiese, Bibel, Biss, dienen
- Das -ß folgt auf einen lang gesprochenen Vokal, auf einem langen Umlaut oder auf einen langen Doppellaut.
- runder, kränker, älter, öfter
- variabel
- bunt, Hut, Bart, Boot
- ABCDEFGHIJKLMNOPQRSTUVWXYZ
- Kwark, Kwatsch, Kwadrat, kwetschen
- Tapete, Ampel, Fabrik, hupen, humpeln, lieb, schrieb, Trieb, gibt
- Umlaute
- Mitlaute

Buchempfehlung:

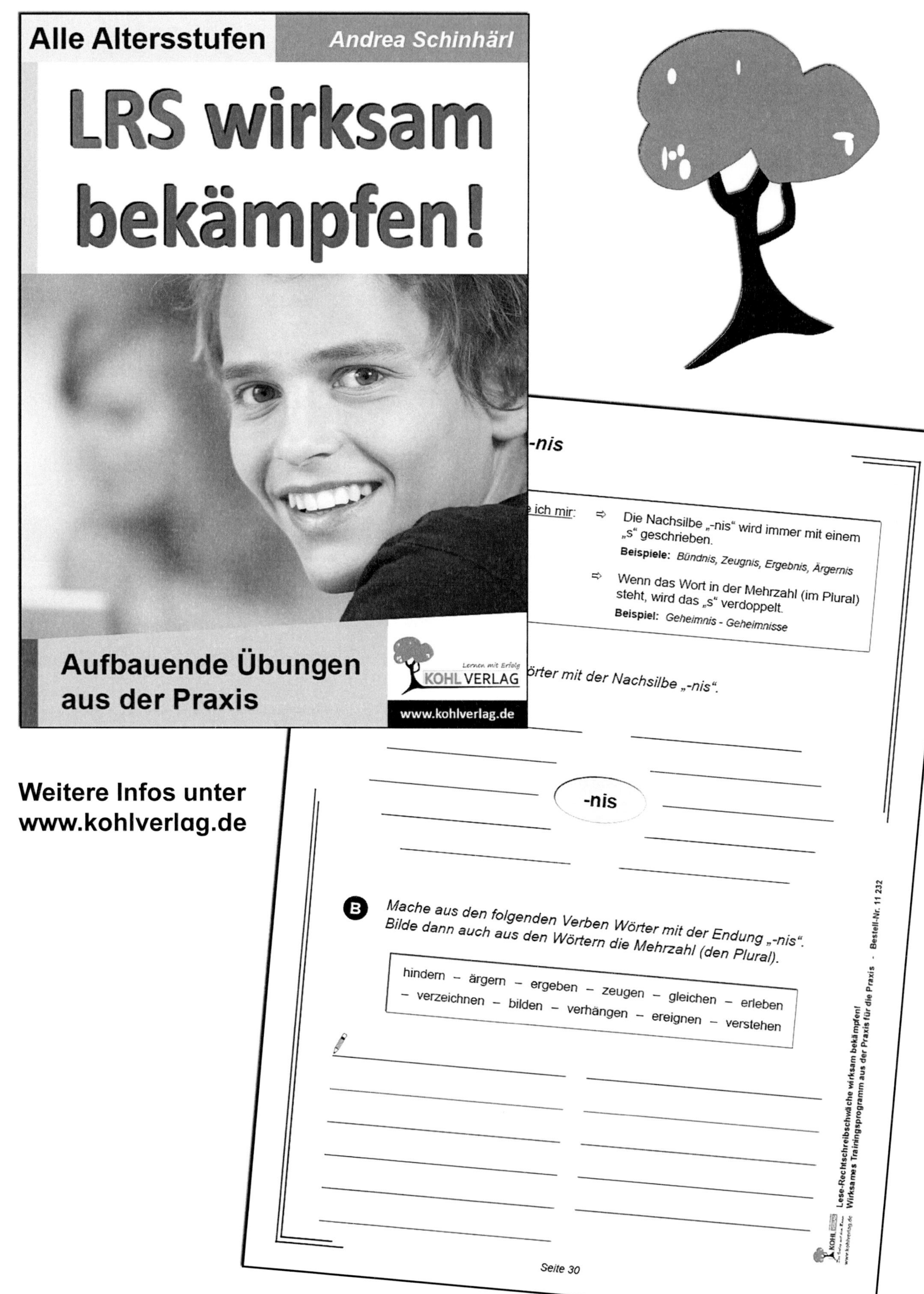

Weitere Infos unter
www.kohlverlag.de

larisa Herzog

Qualipass Nomen, Verben, Adjektive

ielseitiges Übungsmaterial. die Erklärungen und Regeln werden urch kurze Sachtexte, Anwendungen und Übungen vermittelt. Alle rbeitsblätter dienen der Vertiefung und können als Einheit zum entsprechenden Teilbereich oder einzeln als Übung, Wiederholung und estigung eingesetzt werden. **Mit Selbstbeurteilungsbögen und ernzielkontrollen.**

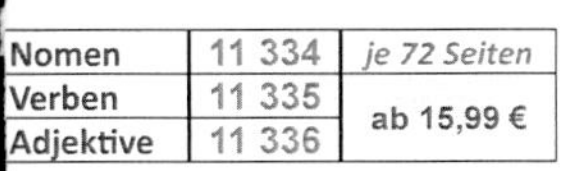

Nomen	11 334	je 72 Seiten
Verben	11 335	ab 15,99 €
Adjektive	11 336	

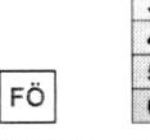

FÖ — 3 4 5 6

erlinde Maier & Petra Lindner-Köhler

Rechtschreibung stärken

Effektives Abschreibtraining

bschreiben ist nicht ganz einfach! Aber es ist unerlässlich im eutschunterricht. Die Fähigkeit des fehlerfreien Abschreibens muss egelmäßig trainiert werden. Dabei motiviert die abwechslungsreiche orm die Schüler. **Eine einfache aber wirkungsvolle Methode!**

Klasse 3/4	11 858	je 56 Seiten
Klasse 5/6	11 886	ab 14,49 €

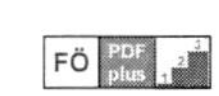

FÖ PDF plus — 3 4 5 6

utorenteam Kohl-Verlag

Kreuzworträtsel Rechtschreibung

Wesentliche Elemente spielerisch erarbeiten

ie Rätsel üben und festigen wesentliche Elemente der deutschen prache mit einfachen und spielerischen Mitteln. Die altersgemäß und erständlich formulierten Umschreibungen für die zu findenden Begriffe iederholen Laut- und Schriftbild der Lösungswörter. Es werden Lösungen mit z.B. Doppelkonsonanten, Wörter mit tz, Endlauten u.v.a.m. benso gefunden wie z.B. Wortarten, Zeitformen, Adjektive, Satzglieder nd Satzzeichen.

32 Seiten	11 870	ab 11,99 €

FÖ INK PDF plus — 3 4

isela Ruthenberg

Richtig schreiben Eine praktische Lernkartei

as Rechtschreibprogramm beinhaltet die intensive Schulung folgener Bereiche: das Hören, das genaue Hinsehen, das Regeln lernen nd sprachliche Ableitungen. Dieser Band beweist, dass Üben Erfolg ringt und die Lernmotivation steigert. **Ideal zum häuslichen Üben!**

76 Seiten	11 187	ab 15,99 €

FÖ PDF plus — 1 2 3 4 5 6 7 8 9 10

olfgang Krüger

120 Lese- & Schreibübungen mit Wortfamilien

ernen in drei Schritten: 1. Wörter vergleichen, den gemeinsamen Stamm arkieren; 2. Wörter in den Lückentext einsetzen; 3. Wörter nach Bausteinen egliedert aufschreiben. Hierbei werden die Kinder mit dem Stammprinzip veraut, das hilft, sich vom rein lautbezogenen Schreiben zu lösen.

128 Seiten	10 748	ab 21,49 €

FÖ INK PDF plus — 3 4 5 6

ila Müller

LRS-Übungen mit Körperwahrnehmung

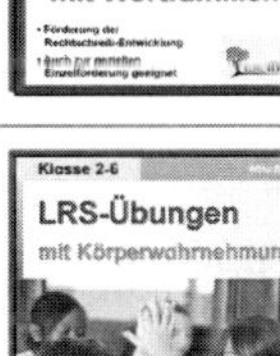

m Kindern mit einer Lese-Rechtschreibschwäche den Zugang zur Sprache ermöglichen, bietet sich das Ansprechen verschiedenster Areale im Gehirn n. Mit Hilfe von bewegungs- und wahrnehmungsgestützten Übungen rlaubt dieses Arbeitsheft nicht nur Ihren LRS-Kindern Übungen mit Hil- anderer Wahrnehmungskanäle.

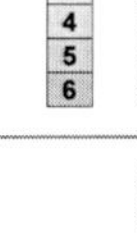

32 Seiten	11 989	ab 11,99 €

FÖ INK — 2 3 4 5 6

oswitha Wurm

Wahrnehmung trainieren bei LRS

lar strukturierte Übungen geben sinnvolle Übungsmöglichkeiten und efern schnelle Erfolgserlebnisse. Zusätzliche Wahrnehmungsspiele ergänzen die Arbeitsblätter sinnvoll. Diese Kopiervorlagen sind seit vielen ahren erprobt und wurden erfolgreich im Einzel-, Gruppen- & Förderunterricht eingesetzt.

80 Seiten	11 311	ab 16,49 €

FÖ INK — 5 6 7 8 9 10 11-13

oswitha Wurm

Aufmerksamkeit trainieren bei LRS

ufmerksamkeit schärfen bedeutet, mit offenen Augen, gespitzten Ohen und Feingefühl durchs Leben zu gehen. Die zusammengestellten bungen schulen die Aufmerksamkeit, die für eine gelingende und erolgreiche Behandlung von LRS notwendig ist, mit variablen chronologischen Übungen.

64 Seiten	11 312	ab 14,99 €

FÖ INK PDF plus — 5 6 7 8 9 10 11-13

U. Stolz & S. Hielscher & P. Lindner-Köhler

Fünf-Minuten-Diktate

zum gezielten Rechtschreibtraining

1. Lernschritt: Aufmerksames Lesen.
2. Lernschritt: Häufig falsch geschriebene Wörter werden gezielt geübt.
3. Lernschritt: Das eigentliche Diktat.
Auf dem zweiten Arbeitsblatt befinden sich **zusätzliche Lernschritte** mit Übungen zu bestimmten Rechtschreibregeln, nach denen die Wortwahl gezielt ausgerichtet wurde.

FÖ PDF plus — 2 3 4 5 6 7 8 9

48 S.	Klasse 2	10 873	ab 12,49 €
48 S.	Klasse 3	10 874	ab 12,49 €
48 S.	Klasse 4	10 875	ab 12,49 €
52 S.	Klasse 5	10 884	ab 14,49 €
52 S.	Klasse 6	10 885	ab 14,49 €
52 S.	Klasse 7	10 886	ab 14,49 €
52 S.	Klasse 8/9	10 887	ab 14,49 €

Mag. Claudia Ertl & Sophie Tschannerl

Mit Spiel & Spaß zu mehr Erfolg in der Rechtschreibung

„Mit Spiel und Spaß zu mehr Erfolg in der Rechtschreibung" ist ein Übungsheft der besonderen Art. Die vielen Lernspiele, Rätsel und Anregungen zum Kreativsein regen die Schüler zum spielerischen Umgang mit Sprache und Rechtschreibung an. Das Heft ist so konzipiert, dass man dieses Training sowohl zuhause absolvieren aber auch sehr gut in den Schulunterricht für die gesamte Klasse integrieren kann. In jedem Fall fördert es Spaß und Aufmerksamkeit und bringt somit Erfolg im Deutschunterricht.

84 Seiten	12 610	ab 17,49 €

FÖ INK PDF plus — 3 4 5 6

Mag. C. Ertl & S. Tschannerl

Lesen lernen mit Ferdinand

Legasthenie wirksam bekämpfen

Der Band ist in mehreren Stufen aufgebaut. Zu Beginn wird die Konzentration geübt, anschließend die optische Wahrnehmung mit Bildern, Buchstaben und schließlich mit Sätzen bzw. Geschichten. Der Schüler findet Fehler, löst Rätsel und beantwortet Fragen. Wichtig ist, dass Lernen Spaß macht und mit positiven Emotionen verbunden werden kann, daher sind manche Texte wirklich „schräg".

52 Seiten	12 410	ab 14,49 €

FÖ INK — 3 4 5 6 7

Bernhard Hartl

Themenwelt für Sprachanfänger

Kinder mit geringem Sprachniveau fördern & fordern

Eingebettet in Themen aus ihrer Lebensumwelt fällt es den Kindern leichter, sich neue Wörter schnell zu merken. Mithilfe von Spielen und in Verknüpfung mit weiteren Fächern werden Wortschatz und Grammatik in diesem Werk zielgerichtet und schülerorientiert vermittelt. Mithilfe von **LearningApps** wird auch dem digitalen Zeitalter Rechnung getragen. Als roter Faden im Unterricht soll dieses Werk helfen, den Alltag zu meistern.

76 Seiten	12 466	ab 15,99 €

FÖ INK PDF plus — Alle Stufen

Sabine Hauke

Die häufigsten Rechtschreibfehler

... und wie man sie vermeidet!

Umfassendes Übungsmaterial zum individualisierten Lernen:
- Eingangstest zur Ermittlung individueller Fehlerschwerpunkte
- strukturiertes Übungsmaterial mit Lösungen
- Abschlusstest zur Sicherung der Lernfortschritte

48 Seiten	11 990	ab 13,49 €

FÖ PDF plus — 3 4 5 6 7 8

Andrea Schinhärl

Der innovative LRS-Trainer Schnelle Soforthilfe

Die 13 ausgearbeiteten Trainingseinheiten sind das ideale, innovative und wirksame Trainingsmaterial! Die Übungen widmen sich den größten Problemfeldern in der deutschen Rechtschreibung und erklären diese mit abwechslungsreichen Aufgaben und Übungen.

72 Seiten	10 742	ab 15,99 €

FÖ INK PDF plus — 1 2 3 4 5 6 7 8 9 10

Andrea Schinhärl

LRS wirksam bekämpfen! ... aus der Praxis

Sprachbeherrschung, -verständnis und der kreativ-fantasievolle Umgang mit Sprache sind entscheidend für das zukünftige Leben. Wenn bei diesen Grundkompetenzen große Schwierigkeiten vorliegen, ist oft die sogenannte „Lese-Rechtschreib-Schwäche" verantwortlich. Dieser Band liefert gezielte aufbauende Übungen zur Behebung dieser Schwächen!

80 Seiten	11 232	ab 16,49 €

FÖ INK PDF plus — 1 2 3 4 5 6 7 8 9 10

Klasse: 1 2 3 4 5 6 7 8 9 10 11-13

Hilfe bei Legasthenie

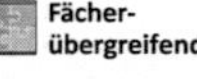

Grundschrift mit Sprechsilbenfärbung · FÖ Förderbedarf · INK Inklusion · BF Begabtenförderung · Lernen an Stationen · Arbeitsmaterial zur Differenzierung · Zusatzmaterial · Fächerübergreifend · PDF plus PDFplus